우리 모두의 마음속에는
길을 잃고 헤매는 이가 있다

우리 모두의 마음속에는
길을 잃고 헤매는 이가 있다

곽금주 지음

한스미디어

프롤로그

  돌이켜보면 20대 때는 남들 못지 않게 불안에 떨었다. 모든 것이 다 잿빛으로 보였다. 밝은 푸르름을 느끼는 것은 잠깐이었고 다들 자신의 미래를 암울하게 그리곤 했다. 앞날에 대한 불안감, 내 인생이 어떻게 펼쳐질 것인지에 대한 불확실한 의문. 지금 뭔가를 결정하지 않으면 안 될 것 같다는 초조함과 조급함으로 얼룩졌다. 작은 좌절에도 크게 실망하여 자신을 비하하고 하염없이 작고 초라해져 다시 일어서기 힘들어했던 시간들. 그때는 대학만 나오면 취업은 거의 보장되던 시대라 지금보다 청년들에게 훨씬 안온한 상황이었지만, 그래도 우리는 도무지 안심을 하지 못했다. 조금만 더 긍정적인 시각을 가졌더라면, 더 진취적으로 생각했더라면 어땠을까 하는 아쉬움이 남는다.

사실 청년기는 갈등과 방황이 지속되고, 그렇기 때문에 안정보다는 불안이 더 자연스러운 시기이다. 인간의 뇌는 청년기에도 여러 변화와 발달의 단계를 거치는 탓에 우리가 느끼는 번민도 깊다. 뇌는 20대를 지나서도 여전히 가지치기를 하면서 성숙한다. 이런 변화가 점차 잦아드는 중년 그리고 노년에 접어들면서 고민과 갈등도 사그라드는 것이다. 어쩌면 주어진 선택의 여지가 점차 줄어든다고 볼 수도 있겠다. 청년이 가진 불안함은 결국 많은 시간과 선택지가 주어진 까닭이다. 물론 본인에겐 그것들 자체가 부담이고, 어쩌면 자각하기도 어려운 처지일 수도 있겠지만.

그런 고민들을 터놓고 이야기하고 싶다. 저마다 마음속에 가진 사사로운 고민뿐만 아니라, 우리가 지금 현재를 살아가면서 생각할 수 있는 어려움을 함께 생각해보면 좋겠다. 우리가 가진 불안은 어쩌면 개인의 문제가 아닌 사회의 모순과 충돌하면서 비롯된 것일 수도 있기 때문이다.

1장에서는 자신의 안을 들여다보고 스스로를 이해하기

위해 복잡한 내 안의 나를 찾아보고자 한다. 그래서 각자의 마음을 잘 다스리는 방법이 없을지, 나를 좀더 단단하게 만들고 하나의 독립적인 개인으로 우뚝 설 수 있는 습관과 사고 들을 이야기한다.

2장에서는 관계에 대해 알아보고자 한다. 관계를 벗어난 사람은 없다. 누구나 주변 사람들 사이에서 존재한다. 아무리 부정하려 해도 부모나 형제처럼 태어날 때부터 맺어진 관계가 있다. 우정 또는 사랑의 감정을 기반으로 한 관계들도 생겨난다. 요즘에는 사람이 아닌 동물과 깊은 감정을 나누는 사람들도 많다. 상대가 누구든 이런 여러 관계가 살아가는데 자원이 되어 힘들고 지칠 때 버팀목 역할도 하지만, 때로는 이 관계로 인해 상처받고 힘들어 하기도 한다. 이런 관계들에 대해 생각해본다. 그러다 이별의 고통을 경험하기도 하지만, 그런 아픔은 또 한 단계의 성장을 가져올 수 있을 것이다.

3장에서는 현 시대를 살아가면서 불가피하게 부딪히는 것들에 대해 생각해본다. 우리의 의도와는 상관 없이, 외부의 요소가 내게 영향을 끼치고 불안과 고통의 원인이 되는 경우가 많다. 아무리 애를 써도 노력만으로는 운을 거스를 수 없는 것인지 좌절하기도 하고, 이해할 수 없는 사태들을 지켜보면서 인간의 본성을 좇아 엉뚱한 음모론에 빠지고 사회가 혼란에 휩싸이기도 한다. 게다가 아무리 스스로 이성적으로 살아가려 해도 누구나 인정할 만큼 공정성이 담보되지 않는 것 또한 현실이다. 그래서 우리는 한탕주의를 꿈꾸기도 한다. 주식이든 코인이든 부동산이든 영끌까지 해서라도 올인해 벼락부자가 되는 꿈을 꾸지 않으면 버티기 힘든 사회인 것이다. 그 안에서 방황하는 자신을, 고통받는 자신을 발견하게 된다.

4장에서는 한 발짝 물러나 조금 더 넓은 시각에서 우리 주변의 여러 갈등을 짚어 보았다. 세대 갈등은 선사시대에도 있었다고들 하지만, 'MZ세대'를 도통 이해할 수 없는 '꼰대'들과 기성세대의 관성이 존재하는 직장 문화 속의 청년들 사이의 간극은 유난히 넓고 깊어보인다. 이에 더해 갑질과 위계서열이 만연했던 한국 사회가 그 과도기를 거치면서 진통을 겪고 있다. 남녀 간의 혐오 역시 이제 우리 사회를 뒤흔드는 위험 요소로 자리 잡고 있다. 이런 갈등 사회의 한복판에서 자신은 어디에 있고 어디로 가야하는지 더욱 방황하게 된다.

청년의 불안은 개인의 방황과 고민을 벗어나 복잡하고 힘든 현 사회를 살아가면서 더욱 커지고 힘들어졌다. 이런 시기를 어떻게 현명하게 헤쳐 나갈지는 각자의 몫일 것이다. 그러나 이런 고민과 갈등이 나만의 문제가 아니라는 것을 아는 것만으로도 어느 정도는 위안이 되지 않을까? 부디 이 책이 그런 마음을 보듬을 수 있었으면 한다.

2022년 곽금주

Contents

프롤로그 5

1장 | 마음의 우물 들여다보기 13

출발선을 떠나기 두려울 때 15
다 컸어도 진로 고민 20
혼자여도 괜찮아 26
나 자신을 가두는 트롤 콤플렉스 32
지나친 자의식도 문제, 나르시시즘 38
분노는 나의 힘 45
나를 지키는 가장 큰 힘, 일상 51
인간의 칠흑같은 어둠에 대하여 57
우리를 혼란스럽게 하는 것들, 거짓말 심리 63
누구나 자신에게 가장 너그럽다 68

2장 | 상처도 받고 위로도 받는, 관계 73

가족이지만, 조금은 떨어져 주세요 75
맏이의 기쁨과 슬픔 82
어느 날, 부모님이 이상해졌다 89
편을 가르기 때문에 인간이다 95
사랑보다 먼, 우정보다는 가까운? 101
그래도 하세요, 사랑 107
사랑한다면 오직 직진뿐? 113
이별도, 기다림도 모두 사랑의 일부 119
결혼, 하고 싶은데 안 하고 싶어! 125
어떻게 너를 잊을 수 있을까: 펫로스에 대하여 130

3장 | 우리 모두의 마음속에는 길을 잃고 헤매는 이가 있다 135

실패보다 값진 시도 137
행운과 노력 사이 141
폭력이 우리에게 남기는 것들 147
달콤한 선악과, 음모론 153
우리의 출발선은 정말 같을까 160
우리가 올인all-in하는 이유 165
벼락거지가 되지 않기 위한 그들의 발버둥 172

4장 | 갈등은 어디에나 있다 177

2030 vs. 586: 우리는 왜 대립하는가 179
다른 세대와 살아가기 184
"오늘부터 제 꿈은 퇴사입니다." 191
함께 산다는 일의 어려움 197
연인이라는 가면 속 203
전혀 재미 없는 그들의 농담 209
미소지니와 미샌드리: 혐오라는 전쟁 215
조금도 참지 못하는 사회 222
갑질 도미노 227
벌떼 심리와 집단지성 233

일러두기

1. 이 책에는 저자가 지난 몇 년 동안 매체에 기고한 칼럼이 포함되어 있습니다. 출간 시점을 기준으로 읽기에 어색하지 않도록 수정된 부분이 있습니다.
2. 외래어는 국립국어원의 외래어표기법을 따랐으나, 관용적으로 굳어진 표현도 존중했습니다.
3. 원어 병기는 처음 언급될 때만 표시했습니다.
4. 단행본은 『』, 기사나 논문은 「」, 간행물은 《》, 영화나 연극은 〈〉로 묶었습니다.

1장

마음의 우물 들여다보기

° 출발선을 떠나기 두려울 때

 '새로운 시작'은 우리에게 긍정적인 기분과 행동을 가져온다. 이사를 하거나 직장을 옮기거나, 힘들었던 인간관계를 정리하는 등의 이러한 모든 일은 스트레스를 주는 게 사실이기는 하다. 그러나 새로운 시작으로 인한 스트레스는 결코 나쁜 것만은 아니다. 새로운 지역으로 이사했을 때 주변에 대한 호기심, 이직 후 첫 출근을 할 때 긴장감, 새로운 연인과의 만남으로 인한 설렘은 일상생활을 더욱 활동적으로 만드는 긍정적인 요소가 된다. 일명 '새 출발 효과Fresh Start Effect'다.

다이어트, 규칙적인 운동과 같은 행동 변화를 결심할 때 우리는 특정 달의 첫날, 새해 첫날, 기념일, 휴일 같은 핵심 날짜에 시작하곤 한다. 핵심 날짜는 시간적·심리적 지표 역할을 하며 새로운 삶과 마음가짐을 다지는 것을 도와주기 때문이다. 이런 핵심 날짜로 인한 심리적 표시는 스스로 세운 결심을 다시 상기하고 행동에 변화를 주는 데 결정적인 역할을 한다.

특히 새해와 같은 '시간적 랜드마크Temporal Landmark'는 '예전의 나'와 '새로운 나'를 구분하는 기준점이 된다. 예전의 나와 새로운 나 사이에 심리적인 거리를 두면서 실수와 오류로 점철된 과거의 부정성과 벽을 쌓을 수 있는 기회다. '새로운 나'라는 정체성을 확립함으로써 행동 변화를 가져오기 때문이다. 과거의 실수에 오염되지 않은, 새 출발을 위한 의미 있는 날이며 설령 작심삼일로 끝나더라도 어쨌든 다시 한 번 결심하고 시작하도록 만든다.

시작을 위한 마음가짐은 중요하다. 자신의 과거와 현재

상황과는 관계없이 새로이 시작하고 출발할 수 있다는 믿음인 '새 출발 마인드 셋Fresh Start Mindset'이 행동 추진력을 가져올 수 있다. 이미 정치 영역과 마케팅 분야에서 사용되고 있는 개념이기도 하다.

조지 W 부시George W. Bush가 2000년에 대선 슬로건을 '미국의 새 출발Fresh Start for America'로 사용했고, 버락 오바마Barack Obama는 2006년 '새 출발 하는 나라Fresh Start Nation'를 외치며 이민자들의 삶의 변화를 주창하면서 지지를 호소하기도 했다. 이외에도 특정 정치인에게 투표하거나 특정 제품을 구매함으로써 새롭게 시작할 수 있다는 인식을 심어주는 것은 주요한 마케팅 수단으로 활용되고 있다. 정치인들은 새해가 되자마자 발 빠르게 새 출발을 위한 메시지를 언론에 퍼뜨리면서 이미지 쇄신을 시도하기도 한다. 이런 프레이밍은 적은 노력을 들여 빠르고 효과적으로 상대의 생각이나 믿음을 바꿀 수 있는 효과가 있다.

'새 출발 마인드셋'은 세상에 대한 새로운 믿음을 갖고 목표를 정하거나 결정 또는 선택을 할 때 유용하다. 인위적으로 이런 마인드셋을 주입시킬 수도 있다. 기업 또한 새해 메시지를 제시하면서 변화를 모색한다. 기업은 소비자로 하여금 새로운 브랜드나 상품에 호기심을 갖거나 사용하게 하는 등 새로운 시도를 하게 하면서 소비자의 태도와 구매 의사, 선호도를 형성하는 것이다. 이런 새 출발 마인드셋은 새해와 같은 시간적 랜드마크를 통해 확립되며 더욱 강해지기도 한다.

이렇게 새해는 시작, 출발, 새로움, 신선함의 이미지를 우리에게 각인시킨다. 그러나 동시에 새해에 일어나는 '뇌거품Brain Bubble'도 경계해야 한다. 노력해서 실행하지 않는다면 샴페인을 터뜨리며 맞이하는 새해도 그저 거품처럼 흘러내릴 수 있다. 아무 노력도 하지 않으면서 모든 게 새로울 것이라고 착각하는 뇌거품인 것이다. 거품은 금세 꺼져 내리고 그 결과는 괜히 멋쩍어진다. 새로운 결심은 3일 만에 깨져 버릴 수 있다.

단순히 설레고 기쁘기만 해서는 막연한 희망에 그칠 뿐 변화는 이룰 수 없을 것이다. 그래서 어쩌면 1년 내내 새 출발 마인드셋을 유지할 수 있어야 할지도 모르겠다. 아주 작은 것이라도 실행에 옮겨서 성취감을 이어가는 '지속적 새 출발 마인드 셋'이라는 심리적 장치. 지금부터라도 이런 심리적 장치를 장착해보자.

다 컸어도 진로 고민

많은 중고등학생들의 지상 목표는 대학 입학이다. 일단 대학을 들어가는 게 무엇보다도 중요하게 여겨진다. 그러나 대학생이 된다고 해서 모든 문제가 해결되는 것은 아니다. 오히려 더욱 방황이 깊어진다. 가장 큰 이유는 전공이 안 맞는다는 것이다. 그동안 대학에서 일하면서 많은 학생들의 고민을 들어왔는데, 90%가 전공과 관련한 문제였다. 합격을 위해 성적순으로 학과를 정하다 보니, 정작 대학에 들어오면 또 다른 고민이 시작되는 것이다.

어찌어찌 4년을 보내고 졸업을 해도 역시 고민은 계속된다. 취준생의 신분으로 얼어붙은 취업 시장을 견뎌야 하기 때문이다. 학창시절의 절박함이 다시금 되살아난다. 어디든 취직만 되면 좋을 것 같은 것이다. 그런데 그렇게나 원하고 원했던 '취뽀'에 성공하면 언제 그만둘까, 어디로 이직을 할까 고민하기 시작한다. 이번 달 월급만 받고 퇴사를 한다면서 '퇴준생'을 자처하게 된다. 거기에도 역시 여러 가지 이유가 있다. 내가 꿈꾸던 그 직장이 아니라서, 꼰대 상사와 도저히 안 맞아서, 직장 분위기가 안 좋아서 등등. 이런 별 볼일 없는 일을 하다가 내 인생을 보낼 수는 없고, 내가 진정으로 원하는 것을 다시 찾아야 한다는 생각이 계속 드는 것이다. 물론 백세시대 첫 직장이 결코 마지막 직장이 될 수 없는 요즘의 세태 때문이기도 하다.

대학을 졸업하고 직장을 구해도, 소위 '다 컸어도' 진로 고민은 여전하고 방황은 계속된다. 청년기가 바로 그런 시기이다. 청년기라는 구분이 새로이 우리 인생 주기에 만들어졌다. 미국의 심리학자 제프리 아넷Jeffrey Arnett은 2000년대에 들어서면서 청소년기도 아닌 성인기도 아닌 시기, 일명 '이머징 어덜트후드Emerging Adulthood' 시기가 생겨났다고 주장했다. 아동기에서 바로 성인기로 진입한 농경시대와는 달리, 산업화와 근대화가 이루어지면서 그 사이에 청소년기라는 개념이 등장한 것이다. 그런데 아넷은 청소년기 다음 바로 성인기로 이어지는 게 아니라 이런 이머징 어덜트후드(혹은 청년기)가 있다고 주장한다. 이 시기는 독립을 한다고 해도 불완전하고 아직 갈등과 방황도 남아 있는 시기로서, 성인기와는 분명 다르다는 것이다.

기성세대는 바로 성인기로 넘어갔다면, 지금 다들 이런 청년기를 거치고 있는 것은 아닌가 싶다. 여전히 미래에 대해 불안하고 아직 자신의 가능성을 실험하고 있는 기간, 안정된 성인기로 도입하기 전의 방황과 갈등 시기에 진로 역시 시험하고 도전해보고 다시 방향을 수정하는 시기를 보내는 것이다.

우리는 자신이 진정으로 좋아하는 일을 해야 할까, 아니면 잘 하는 일을 해야 할까? 안정적인 일을 해야 할까,

도전적인 일을 해야 할까? 사회적인 인정을 받는 일을 해야 할까, 아니면 스스로가 중요하게 여기는 가치를 따르는 진로를 선택해야 할까? 모두들 갈팡질팡하는 질문이다.

1990년대부터 2000년대를 지나면서 부쩍 내면의 열정을 따르라는 목소리가 주류에 자리잡았다. 사회적으로 유명한 멘토들 그리고 심지어 광고에서도 모두 같은 메시지를 던지곤 했다. 결국 자신이 좋아하는 일, 열정적으로 할 수 있는 일을 하는 게 좋다는 조언이다.

실제로 좋아하는 일을 하게 되면 끈기 있게 매진할 수 있다. 좋아하는 일이니까 열심히 하게 되고, 그로 인해 자신의 능력이 긍정적인 평가를 받고, 그래서 그 일이 더 좋아지게 되는 식으로 선순환이 일어나는 것이다. 그런데 누구나 이러한 선순환 구조를 만들어낼 수 있는 건 아니다. 저마다 주어진 상황과 능력이 다르기 때문이다.

역사상 가장 뛰어난 농구 선수 중 한 명인 마이클 조던Michael Jordan은 의외로 어렸을 때 메이저리그에서 뛰는 야구 선수가 되는 것이 꿈이었다고 한다. 그래서 세 번의

NBA 우승을 한 후 농구계를 화려하게 떠나, 야구 선수로서 제2의 인생을 설계한다. 그런데 야구는 조던의 종목이 아니었다. 그다지 두각을 나타내지 못한 것이다. 결국 아무리 좋아해도 될 수 없는 것도 있음을 깨닫고는 다시 코트로 복귀한 그는 농구 선수로 성공을 이어나갔다. 결국은 내가 좋아하는 것만 너무 쫓아다닌다고 해서 반드시 탄탄한 진로가 만들어지는 것은 아닌 셈이다.

좋아하는 일 못지않게 잘 하는 일을 찾아내는 것도 중요하다. 애플의 창업자 스티브 잡스Steve Jobs는 생전에 했던 스탠포드대학교 졸업식 연설에서 사회 진출을 앞둔 졸업생들에게 본인이 좋아하는 것을 찾으라고 강조했다. 그러나 말은 이렇게 했지만, 그의 인생을 실제로 들여다보면 잡스도 좋아하는 것보단 잘 하는 것을 점차 발전시켜나간 사람이었음을 알 수 있다. 애플이라는 거대 기업의 총수, 그리고 평소 행보에서 보이던 냉철하고 어찌 보면 교만하다는 평가까지도 받았던 잡스는 원래 불교나 명상과 같은 활동에 큰 관심을 기울였다. IT 분야의 일은 자신이 좋아한다기 보단 잘 하는 일에 가까웠다. 잡스는 둘 사이에서 잘 하는 쪽을 선택한 것이다. 결국은 세상의 다른 모든 일처럼 좋아하는 것과 잘 하는 것, 이 두 가지 사이에서 균형을 잘 맞춰야 한다는 결론에 다다른다.

오스트리아의 심리학자 알프레드 아들러Alfred Adler는 이런 말을 남겼다. "당신이 정말 원하는 것을 하되, 항상 지혜롭게 하라." 대학에서 전공을 선택할 때, 학교를 졸업하고 직장을 얻고자 할 때 그리고 취업을 할 때, 직장 생활 중 이직이나 퇴직을 결정할 때 우리는 스스로에게 잘 하는 것은 무엇이고 좋아하는 것이 무엇인지 철저히 질문하고 그 사이에서 균형을 잘 잡아야 큰 방황 없이 진로를 택할 수 있지 않을까 싶다. 어느 한 쪽으로 지나치게 기울지 않도록 균형을 잡을 수 있는 현명함과 지혜가 필요한 시기이다.

˚ 혼자여도
괜찮아

 혼자 밥을 먹고 혼자 술을 마시는 혼밥, 혼술족에 이어 요즘은 혼행(혼자 여행), 혼영(혼자영화), 혼클(혼자 클럽), 혼놀(혼자 놀기) 등 혼족이 급격히 증가하고 있다. 이를 위한 상품도 개발되면서 솔로이코노미 산업도 성장하고 있다. 가장 큰 원인은 고령화 인구 증가, 젊은 세대의 결혼 기피로 인해 1인 가구가 이전보다 늘어났기 때문인 것으로 보인다.

 인간은 사회적 동물이다. 집단생활을 추구하고 집단에 소속되고자 하며 사람들과의 관계를 맺으려 한다. 사람 간의 관계는 외로움을 잊게 해 정신 건강에 도움이 된다. 관계가 좋은 사람은 노화도 더디고 더 오래 산다고 한다. 그럼에도 혼자 시간을 보내는 사람이 늘고 있는 것이 다른 사람과의 관계가 잘 안 되기 때문만은 아닐 것이다. 혼자만의 시간이 가지는 매력도 큰 덕분이다.

예로부터 한국사회는 집단주의 문화가 강했다. 아주 오래 전에는 마을에 혼사가 있을 때면 주민들이 같이 모여서 잔치를 치르고 같이 즐거워했다. 상을 치르는 궂은 일을 겪을 때도 같이 슬퍼하고 어려움을 이웃과 함께 견뎌내기도 했다. 이런 타인에 대한 관심과 배려가 집단주의 문화 사회에 긍정적인 측면이라 할 수 있다.

그러나 현 사회에서는 이런 일들이 도리어 짐이 되고 있다. 지나치게 남을 의식하는 문화는 체면이나 눈치라는 것들 때문에 불편해졌고, 이로인해 '관종'들이 늘어나 사회가 피로해진 것이다.

또한 타인에 대한 지나친 관심은 신상털기와 같은 개인의 사적인 공간을 침투해 또 하나의 폭력으로 사회문제로까지 대두되고 있다. 이러한 피로감에서 혼자만의 시간을 갖으려는 것, 자신의 사적인 것에 대해 이야기 하고 싶지 않은 젊은층이 늘고 있다.

"저녁에 뭐해?" "주말에 뭐 했어?" 요즘 이런 질문은 자칫하다간 실례가 될 수 있다. 특히나 직장처럼 공적인 관계가 중심인 곳에서는 더욱 그러하다. 자신의 사생활과 직장을 분리하고 싶기 때문이다. 이들은 자신만의 시간과 삶과 스토리를 갖고 싶지, 타인과 이런 것들을 소비하고 싶지 않아 한다. 점차 개인주의화가 두드러지고 있다. 점심시간도 혼자 보내는 것이 편하지, 그 시간에 직장 상사의 이야기를 듣고 싶지는 않은 것이다.

나이가 들어가면서 말이 많아지는 인간의 본성으로 상사는 말이 많아진다. 그것도 계속 자기 자신에 대한 이야기를 늘어놓으면서 혼자 즐거워하고 만족감을 느끼게 된다. 그러나 젊은 직원들에게는 그렇게 시간을 아깝게 소비하고 싶지 않다는 개인주의적 사고가 더 익숙하다. 한편으로 조직에 대한 충성이 약하다고 할 수 있다. 그러나 반드시 잘못된 것 만은 아니다. 세태가 변했을 뿐이다. 이에 대해 우리 사회가 좀더 이해해 줄 수 있고, 개인의 사적 삶을 존중해 줄 수 있어야 한다.

혼자만의 시간은 다른 사람의 직접적인 요구에서 해방되고 사회적 압력을 감소시키며 자신의 정신적·물리적 활동을 자유롭게 선택하게 한다. 즉 다른 과도하고 부담스러운 자극으로부터 자신을 보호할 수 있다.

단지 누군가 같은 공간에 존재한다는 사실 하나만으로도 우리의 행동 범위가 좁아지게 된다. 전시회에서 미술작품을 감상할 때를 생각해보자. 작품 앞에 나 혼자 있을 때는 그 작품에 마구 빠져들 수 있다. 그러나 다른 사람이 그 그림을 감상하기 위해 접근하면 그 순간 자신과 그림만의 공간은 없어진다. 혹은 내가 방해가 되고 있는 것은 아닌지, 타인을 신경 쓰게 되기도 한다. 나만의 모드에서 타인과의 상호작용 모드로 바뀌게 된다.

타인 속의 나를 확인시켜주는 주변 사람과 환경에서 배제되므로 혼자만의 시간은 자아성찰로 자연스럽게 이어진다. 자기가 누구이며 무얼 좋아하는지 등 자기개념을 확실하게 해준다. 불안정했던 내 모습에서 안정된 자아정체감을 확립하게 된다. 무엇을 해야 하고, 어떻게 살아가야 할지에 대한 성찰이 일어난다. 그래서 복잡했던 문제의 실마리가 여러 사람들로부터 조언을 받는 때보다 더욱 분명하고 선명하게 보이기도 한다.

또한 혼자만의 시간은 현실의 틀에서 벗어나 여러 상상과 환상을 불러일으킨다. 상상 속의 자신의 다양한 모습을 그려볼 수 있다. 새로운 나의 모습도 발견하면서 자기개념이 바뀌는 자기변형도 가능하다. 이로 인해 이전의 내가 아닌 더 발전적인 나로 만들어 갈 수도 있다. 그런 상상의 경험은 더 많은 생각과 아이디어를 만들어 내면서 때로는 창의적인 발상으로까지 이어진다.

그래서 혼자만의 시간은 분명 유익하다. 단 혼자의 시간을 지나치게 가지는 것은 문제가 될 수 있다. 타인과의 시간과 나만의 시간 간의 안배가 중요하다. 적절한 비율을 유지해야 한다. 주중에 사람들과의 관계가 많았다면 온전한 자신만의 주말을 보내는 것도 좋다. 반대로 주중에는 혼자의 시간이 많았다면 사람들과 같이 하는 주말을 계획해 봐야 한다. 결국 자신만의 시간과 타인과의 관계의 적절한 조합을 이루는 것이 사회생활에 도움이 될 것이다.

나 자신을 가두는
트롤 콤플렉스

늘 불만투성이인 사람이 있다. 그 대상은 가족, 친구, 직장과 동료를 가리지 않는다. 오늘 점심은 왜 이리 맛이 없는지, 상사는 왜 부려먹지 못해 안달인 건지, 피곤한 몸으로 퇴근길에 나서면 어김없이 시작되는 정체까지. 매순간이 힘들고 일은 꼬이기만 하는 것 같다. 그러니 불평불만이 떠날 새가 없다.

매사가 내 마음대로 안 되는 게 인생이니, 불만이 생기는 것은 어찌 보면 당연하다. 그런데 이런 사고가 습관이 된다면 그것은 문제다. 객관적으로 아무리 좋은 상황이더라도 상황의 가장 부정적인 면들만 떠오른다. 언제나 나만 피해자인 것 같고, 남들에겐 빈번히 일어나는 행운이 내게는 절대로 오지 않는다고 생각한다.

주변 환경만을 탓하는 태도는 '트롤 콤플렉스Troll Complex'의 발로라고 볼 수 있다. 프랑스 인시아드INSEAD 경영대학원의 맨프레드 케츠 드 브리Manfred F. R. Kets de Vries 교수가 처음으로 정의한 심리 현상이다. 언제나 불평불만에 가득 차 짜증을 내고, 부정적인 인생관으로 다른 사람들에게 부정적인 인상만 남기다가 결국 사회적으로 고립되는 사람들이 이에 해당한다.

트롤은 북유럽과 스칸디나비아, 스코틀랜드의 전설 속에 등장하는 가상의 존재다. 그 유래가 여러 곳인 만큼 외형 묘사는 다양하지만, 공통점은 인간에게 도움이 되거나 우호적인 경우가 거의 없다는 것이다. 이들은 사악한 마음을 갖고 있어 지나가는 사람들을 괴롭히거나 물건을 훔치는 등의 나쁜 짓을 한다. 인간이라면 무조건 싫어하며 악의마저 드러내는 존재인 트롤. 바로 그들처럼 행동하는 사람을 가리켜 '트롤 콤플렉스'가 있다고 말한다. 이런 트롤들이 조직에 섞이면 어떻게 될까?

독일의 소프트웨어 회사 SAP의 전 CEO였던 레오 아포테커Léo Apotheker는 2010년 10월 휴렛팩커드HP의 최고경영자가 된다. 아포테커는 전 CEO인 마크 허드Mark Hurd를 대체할 후보 1순위는 아니었지만, 경영진을 능숙하게 설득해 최고경영자 자리에 올랐다. 그런데 CEO가 된 후 그는 회사가 나아가고자 했던 방향을 무시하고 자신의 입장만을 내세웠다. 끊임없이 비판만 늘어놓고 전임자가 세운 목표들을 갈아치우며 회사 전체에 불안감을 조성한다.

아포테커는 소프트웨어 회사까지 인수하며 웹OS 개발에 큰 관심을 쏟았다. 애플처럼 HP의 제품들을 PC뿐 아니라 스마트폰, 그리고 태블릿까지 확장하는 것이 그의 궁극적 목표였다. 하지만 계획은 실패로 돌아가고 만다. HP가 만든 휴대폰은 팔리지 않았고, 기존 대표 상품이었던 PC 판매는 하락했다. 아포테커는 소프트웨어 사업을 중단하면서 세계시장을 선도했던 PC 사업 또한 중단한다고 발표했다. 이 같은 과정을 거치며 HP는 11개월 사이에 400억 달러 손실이라는 처참한 성적표를 받아들었다. 결국 1년도 안 되어 아포테커는 경질되었고, 가장 짧은 기간에 가장 큰 금액의 손해를 초래한 경영자라는 오명까지 쓰게 되었다. 이는 문제가 생겼을 때 대안 없는 비판을 지속하고 자신의 입장만 변호하는 사람이 조직의 리더가 되었을 때의 위험성을 보여주는 사례로 남았다.

한편 트롤 콤플렉스는 직장의 환경이나 분위기에 의해 만들어질 수도 있다. 장시간의 근무, 과다한 업무량, 비효율적인 리더십과 경영체제, 직원의 외적·내적 복지는 안중에도 없는 분위기에서는 특히 그렇다. 회사에 대한 일련의 기대치가 충족되지 못하는 열악한 환경에서 직원들은 회사와 상사, 동료들을 냉소적으로 바라보고 원망하게 된다.

비관적인 태도가 꼭 나쁜 것만은 아니다. 오히려 정확하고 분석적인 시야로 상황을 파악하게 하고, 타인에게 나의 불편을 알려서 개선의 여지를 이끌어내는 등의 순기능도 분명 있다. 하지만 이것이 트롤 콤플렉스로 이어져 지속적인 삶의 패턴이 된다면, 부정적인 일들만 기대하게 되고 자신도 모르게 그 기대에 따라 행동을 하면서 부정적 결과를 낳는 악순환이 계속될 것이다. 처음에는 한두 사람의 생각과 행동으로부터 출발하지만 이는 금세 다른 이들에게 전이된다. 그리고 결국에는 집단 전체에 악영향을 미치는 것이다.

불평불만은 뇌에도 부정적인 영향을 준다. 지속적으로 불만을 토로하는 사람들의 뇌 사진을 촬영해보면 인간이 무엇을 기억하거나 문제를 해결하는 해마 부분이 축소되어 있다. 즉 인지를 관장하는 영역의 기능이 떨어지는 것이다. 이는 곧 불평불만에 젖은 부정적인 사고가 인지 기능을 떨어뜨린다는 방증이다.

무의식적으로 반복해 표현하는 불만이 나를 부정적으로 만들고 나아가 주변 모두에게 악영향을 미치고 있는 건 아닌지 스스로를 점검해볼 필요가 있다. 만약 그렇다면 습관으로 굳어지기 전에 부정적인 사고의 틀을 탈피해야 한다. 한편 리더와 관리자들도 우리 조직이 이런 불만과 짜증을 만들어내는 상태는 아닌지 주기적으로 직원들의 근무 환경을 체크해봐야 할 것이다.

트롤 콤플렉스는 그 사람과 조직, 사회를 파멸로 이끄는 암세포와 같다. 이야기 속의 트롤이 주변을 불행하게 만들고 비극적인 결말을 맞이하듯, 불평불만이 가져올 나와 조직의 비극에 대해서도 다시 한 번 생각해 보자.

지나친 자의식도 문제, 나르시시즘

강의 요정 리리오페Liriope의 아들인 나르키소스Narcissus는 아주 잘생긴 청년이었지만 타인에 대해 관심이 없었다. 특히 여성에게도 냉담했다. 많은 요정들이 그에게 반해 구애를 했지만 나르키소스는 모두 거절했다.

그에게 차인 수많은 요정들 중 하나였던 에코Echo는 너무나 상심한 나머지 스스로 목숨을 버렸다. 이에 분개한 에코의 친구들은 복수의 여신에게 찾아가 나르키소스에게 저주를 내려달라 간청한다. 나르키소스는 호수에 비친 자신의 얼굴을 보고 사랑에 빠지는 저주에 걸렸고, 그는 결국 자기 모습에 도취해 물에 빠져 죽게 된다. 이 이야기는 지금도 그리스신화를 통해 전해지고 있다.

이 신화에 빗대어 독일의 심리학자 빌헬름 네케Wilhelm Nacke는 자기애 성격이란 뜻의 '나르시시즘Narcissism'이란 심리학 용어를 명명했다. 이후 지그문트 프로이트Sigmund Freud가 정신분석학적 관점에서 이에 대한 연구를 시작하면서 많은 심리학자가 여기에 관심을 가지게 되었다. 자기애 성격은 나약한 자신을 방어하려는 자기방어적인 수단으로, 자존감으로 채워지지 않는 내면의 부족함을 타인의 칭찬과 인정으로 채우기 위한 노력으로 보기도 한다. 그런데 이런 현상이 꾸준히 나타나고 부적응적으로 작용하며 기능적 손상이나 고통을 유발하면 성격장애까지 이어진다. 바로 '자기애성 성격장애Narcissistic Personality Disorder'다. 극단적이지는 않더라도, 성공한 사람 중 상당히 많은 이들이 자기애성 성격장애의 특징을 가지고 있다.

특히나 자기애성 특성은 카리스마를 지닌 권력자에게

서 두드러진다. 멋진 지도자의 모습과 연결되는 면이 있기 때문이다. 물론 정상적으로 작용할 때에 한해서다. 적응형 나르시시즘은 자신에 대해 긍정적으로 생각하고 자신감이 넘치며, 대중을 끄는 매력이 있다. 반대로 낮은 자존감에서 비롯되는 부적응형 나르시시즘은 자신이 다른 사람들보다 우위에 있다는 인식이 강하고 자기 앞에서는 모두가 굽혀야 한다는 생각으로 공격 행동도 서슴지 않는다. 적응형 나르시시즘이 지도력을 효과적으로 발휘할 수 있게 도와주는 것과는 대조적이다.

2016년 미국 대선 당시 도널드 트럼프Donald J. Trump 당시 후보는 대표적인 나르시시스트다. 그는 전례 없는 배경을 가진 후보였다. 사업가이자 TV 프로그램 진행자였으며 공화당에 입당한 기간도 짧았다. 무엇보다도 정치적 배경이 없었다. 라이벌이었던 힐러리 클린턴Hilary Clinton과는 매우 대조되는 면모였다. 그러나 트럼프의 권력 추구 성향은 그 누구보다 컸고, 대선 결과가 발표되기도 전에 자신이 당선될 게 틀림 없다는 확신적 나르시시즘을 보였다. 열정, 대

담성, 자신감과 같은 적응형 나르시시즘은 트럼프 대통령의 지지율에 긍정적 영향을 주었다.

그러나 2020년 재선에 실패하고 난 후의 트럼프는 달랐다. 적응적 나르시시즘과는 반대로 자기만이 중요하고 우위에 있어야 한다는 지나친 경쟁심, 공격성과 같은 부적응형 나르시시즘이 두드러졌다. 재선 실패를 오랫동안 인정하지 않고 음모론을 펼치면서 뻔뻔하게 자신의 주장만을 펼치는 것은 패배를 받아들이지 못하는 부적응형 나르시시즘에서 비롯된 행동이다.

최근에 심리학자들은 '집단 나르시시즘'이란 개념을 추가하였다. 자신을 가장 똑똑하고 높은 지위의 사람임을 과시하려는 욕구에 더해 집단 나르시시즘을 가진 사람들은 자신이 속한 집단에서 유용하고 도움되는 존재가 되길 원한다. 과대망상적 나르시시즘과 같이 권력, 존중, 혜택 등에 대한 욕구가 있지만 그것을 이루기 위한 행동은 다르다. 집단 내에서 신뢰와 지지를 얻어야 하기 때문에 타인에게 굉장히 친절하게 행동한다. 공감능력은 부족하지만 자신이 속한 집단의 가치를 과시하기 위해 타인을 돕거나 지지하는 행동을 하기도 한다. 이들은 자신의 위선을 들키지 않기 위해 이런저런 억지를 부리면서 도리어 과하게 행동하는 경향이 있다.

또한 이런 유형의 사람들은 SNS에도 지나치게 집착한다. 자신이 집단과 국가를 위해 이렇게 헌신하고 있다는 것을 드러내야 하기 때문이다. 과거와 현재의 언행이 일치하지 않아도 상관없다. 모든 것이 나라와 국가를 위한 것이지 나 자신, 개인을 위한 것이 아니라는 자기 중심적 사고가 이미 확고하기 때문이다. 후회나 죄책감은 없다. 사과나 반성도 마찬가지다. 이들은 오로지 자신을 보호하고 방어하기에만 관심이 있다. 화내고 소리 지르고, 억지 부리면서 자신이 옳다고 주변 사람들에게 주입해야만 하는 나약함의 표현이라고 할 수 있다.

기자들에게 손가락을 치켜세우면서 "나 대통령이야!"라고 말한 트럼프를 미국 언론에서는 '기저귀를 찬 트럼프'라며 조롱했다. 그런데 이게 비단 다른 나라만의 이야기일까. '나 장관이야' '나 이런 사람이야' '내가 누군지 알아?'라고 외치는 이들이 주변에 즐비하다. 가정에, 회사에, 사회 전반에 늘고 있는 이들에 대한 우리가 언제까지 인내할 수 있을지 모르겠다.

분노는 나의 힘

흔히 분노를 부정적으로 생각하지만, 때로 동기를 부여하고 큰 성공의 밑거름이 되기도 하는 감정이 분노이기도 하다. 세계적인 슈퍼카 브랜드 람보르기니Lamborghini는 분노가 없었다면 아마도 탄생하지 못했을 것이다.

람보르기니 설립자 페루치오 람보르기니Ferruccio Lamborghini는 원래 트렉터 사업가였다. 1950년대 후반 큰돈을 모은 람보르기니는 알파 로메오Alfa Romeo, 재규어Jaguar, 마세라티Maserati, 페라리Ferrari 등 당대 최고급 자동차들을 수집하는게 취미였다. 그는 종종 페라리를 타고 도로를 질주하며 스피드를 즐겼는데, 다만 몇 가지 불만이 있었다. 편안하지 않은 승차감과 세련되지 못한 인테리어는 둘째 치고, 무엇보다 클러치의 품질이 낮았던 것이다.

트렉터 제조 노하우가 있었던 람보르기니는 클러치에 대한 지식도 해박한 편이었다. 그는 페라리 설립자인 엔초 페라리Enzo Ferrari에게 페라리 자동차의 클러치에 대한 불만을 토로했다. 하지만 페라리는 람보르기니의 제안을 묵살한다. 페라리에게 고객은 필요악 같은 존재였기 때문이다. 차를 팔기 위해선 고객이 반드시 필요했지만 그에게 고객은 차를 성능이 아니라 '위신'과 '체면' 때문에 구입하는 속물들일 뿐이었다.

이미 트렉터로 성공한 사업가였던 람보르기니는 페라리의 무례한 태도에 몹시 기분이 상했다. 이후 그는 자신이 갖고 있던 페라리 차량(1958 페라리 250GT)을 마음대로 개조해버렸다. 썩 훌륭하게 고쳐진 차에서 아이디어를 얻은 람보르기니는 "고성능 그랜드투어링카를 만들어 페라리에게 복수하겠다."라고 다짐하기에 이른다.

실제로 페라리를 향한 람보르기니의 분노(혹은 복수심)는 여기저기서 느껴진다. 람보르기니의 사업이 시작된 이탈리아 산타가타 볼로냐는 사실상 '페라리의 뒷마당'이라 해도 과언이 아닐 정도로 페라리의 활동 무대였다. 람보르기니는 전직 페라리 디자이너들을 대거 자사 디자이너로 고용하는가 하면, 로고를 스페인의 대표적 투기 종목 투우로 유명한 소로 정했다. 페라리 로고인 말을 다분히 의식한 결정이었다. 그뿐 아니다. 4개월 만에 완성된 람보르기니의 첫 차(모델명 '350GT')는 13개 모두 페라리 매출을 뺏어오기 위해 의도적으로 손해까지 감수하며 팔았다. 이 같은 공격적 경영으로 람보르기니는 세계적인 자동차 제조사로 우뚝 섰다. 페라리를 향한 람보르기니의 분노가 최고의 자동차 브랜드를 탄생시킨 셈이다.

분노는 가벼운 짜증이나 불만부터 극심한 격분까지 그 범위가 넓다. 사람들은 흔히 분노는 자칫 폭력이나 충동적 행동으로 이어질 수 있으므로 위험하다고 생각한다. 실제로 지나친 분노는 신체 건강과 심리적 안녕, 대인관계에 부정적 영향을 끼친다. 가벼운 두통, 불면증부터 심각하게는 우울증이나 불안, 심장질환, 심장마비, 뇌졸중까지도 일으킬 수 있다. 또 분노를 잘 조절하지 못하면 자칫 주변 사람들에게 두려움과 불안을 끼치기도 한다. 이 같은 분노의 신체적 그리고 심리적 악영향 때문에 적잖은 이들이 분노는 되도록 억제해야 한다고 생각한다.

하지만 분노가 실제로 공격적이고 파괴적인 행동으로 이어지는 경우는 10% 정도에 불과하다. 무엇보다 분노는 오히려 인간의 삶에 긍정적 영향을 줄 수 있는 효과적 감정이다. 현재 상황이 뭔가 잘못됐다는 사실을 알려주기도 한다. 내·외적 요구와 위험 등을 경고해주는 동시에 문제를 직시하게 해주는 감정인 것이다. 어찌 보면 분노는 현재 직면했거나 향후 닥칠 문제의 위협을 극복하고 구체적인 목표를 추구하도록 돕는 일종의 '생존 메커니즘'이다.

실제로 지난 2010년 네덜란드 위트레흐트대학교 심리학과 연구팀은 '분노'와 '목표에 대한 접근 동기' 사이의 관계를 연구했다. 연구진은 컴퓨터 스크린을 통해 실험 참가자에게 펜이나 접시 같은 사물의 사진을 보여줬다. 단, 각각의 사진이 제시될 때 참가자가 알아차리지 못할 정도로 짧은 시간 동안 두려움이나 화남과 같은 특정 감정을 나타내는 표정이 사진에 함께 나타나도록 했다. 즉 각 물체가 특정 감정과 무의식적으로 연관되도록 한 것이다. 그런 다음 연구진은 참가자에게 이렇게 물었다. "방금 사진으로 본 물건을 얼마나 갖고 싶으신가요?"

실험 결과는 흥미로웠다. 참가자들은 무표정이나 두려워하는 표정과 연계된 물건보다 화난 표정과 함께 보여진 물건을 훨씬 더 갖고 싶어했다. 이어진 실험에서 연구진은 참가자에게 스크린 속 사물을 보며 악력 측정 기계를 쥐도록 했다. 그러면서 '기계를 세게 쥘수록 지금 보고 있는 물건을 얻을 가능성이 높아진다'는 설명을 덧붙였다. 이번에도 각 사진엔 다양한 감정을 드러내는 표정 관련 물건이 제시됐다. 결과는 앞선 실험과 동일했다. 참가자는 분노 관련 표정과 연관된 물건을 보며 악력 측정 기계를 더욱 세게 쥐었다. 이 두 실험에서 알 수 있듯 분노는 목적을 이루려는 동기를 강화하는 원동력인 것이다.

분노는 인간의 성취 욕구를 자극하고 목표를 달성하게 하는 원동력이다. 그러니 누군가 당신을 분노하게 한다면 스트레스 받는 대신 목표를 향해 흔들림 없이 앞으로 나아가란 메시지로 받아들일 수도 있다. 분노 그 자체에 매몰되는 건 바보 같은 일일 뿐이다. 더 많은, 더 큰 성취를 위해 지금이라도 분노를 수용해보는 건 어떨까?

나를 지키는 가장 큰 힘, 일상

 길어야 몇 달 정도 지속될 줄 알았던 코로나19 팬데믹은 수년으로 길어졌다. 우리가 전혀 경험하지 못한 세상에 적응하느라 여러 계절이 언제인지 모르게 왔다가 훌쩍 지나가 버렸다. 코로나19가 주는 피로함은 더욱 커지고 있다. 재택근무, 줄어든 회식으로 이전과 비교해서 개인 시간이 많아졌지만 그만큼 더 늘어지고, 더 빈둥거리고 '내일 해도 될 일을 굳이 오늘 하지 말자'라는 게으름만 더 생긴 것은 아닌가 싶다. 자유롭게 시간을 쓰게 되면서 언젠가부터 나

태해지고 규칙적이지 않은 일상을 보내면서 시간을 더욱 소비하는 것처럼 느껴질 때가 있다.

얼마 전부터 2030세대를 중심으로 아침 6시 전 기상하는 '미라클 모닝 챌린지'가 유행처럼 번지게 되었다. 유튜브를 시작으로 인스타그램 등 SNS를 중심으로 아침에 일어나는 시간 그리고 아침에 하는 활동을 찍어서 올리는 것이다. 2016년 미국인 저술가 할 엘로드 Hal Elrod가 쓴 저서 『미라클 모닝』에서 비롯된 용어로, 오전 6시 이전 이른 시간에 일어나 독서나 운동 등의 아침 루틴을 만드는 활동이다. 즉 새벽 기상으로 중요한 일을 할 수 있는 아침 시간을 확보하는 것을 의미한다. 사소한 것 같지만 스스로 목표를 만들고 성취하면서 만족감과 성취감이 커진다. 이로 인해 자신감도 생기고 스트레스나 우울감도 사라지게 되면서 정신건강면에서도 매우 효과적이다.

일본의 대표적인 소설가 무라카미 하루키村上春樹는 식단과 운동 등 루틴을 정해 매일 규칙적인 생활을 한다. 새벽 4시에 일어나 커피 한 잔을 내리고는 5~6시간 동안 집중해서 글을 쓴다. 하루키가 40여 년 동안 지켜온 글쓰기 습관은 하루에 원고지 20매씩의 분량을 지켜서 쓴다는 것이다. 글이 잘 안 써지는 날이든 잘 써지는 날이든 꼭 그 양을 지킨다고 한다. 그리고 10km 달리기와 수영을 하며 남은 시간에는 책을 읽고 음악을 듣고, 저녁 9시에 잠자리에 든다. 이런 일상을 계속 반복한다고 한다.

하루키의 일상이 단조롭고 숨막혀 보인다면 규칙적인 학교생활에서 벗어나 집에 머무는 방학에 어땠는지 떠올려 보자. 방학이 끝나면 늘어난 체중, 불규칙해진 수면시간으로 고생한 경험이 있을 것이다. 바로 '구조화된 일과 가설Structured Day Hypothesis'이다. 꽉 짜여진 하루 일과가 신체적, 정신적으로 에너지를 주게 되어 긍정적으로 작용한다는 것이다. 이것이 무너지면 비만, 수면장애, 우울 등 여러 신체적, 정신적인 문제까지 야기될 수 있다.

규칙적인 생활, 구조화된 라이프스타일을 가질 때 삶은 보다 예측 가능해진다. 따라서 스트레스는 감소하고 자기 통제감은 상승한다. 습관화된 활동을 하게 되니 도리어 시간적 여유가 생겨 다른 과제도 할 수 있게 되고, 더 큰 목표 추구를 위한 기반이 될 수 있다. 아무 계획 없이 빈둥거리는 것이 일시적인 휴식을 줄지 모르지만, 곧 심리적인 부담을 가져온다. 구조화되지 않은 일상에서 집중할 거리 없이 빈둥거리고 있을 때 사람에게 스트레스가 쌓여 간다. 부정적인 문제에 집중하여 계속 생각하게 되고 불안과 무기력감과 우울이 더욱 커지게 된다.

어찌 보면 단조로운 일상일 수 있겠지만 이렇게 일정한 생활의 패턴은 인간의 삶에 의미를 부여한다. '삶의 의미 Meaning in Life'는 행복의 중요한 요소이다. 정신건강, 직업적인 성취, 장수 등의 요인이 삶의 의미와 관련되어 있다. 규칙적인 일상은 삶이 중요하고 목적이 있는 것처럼 느껴지고, 스스로 통제할 수 있고, 살아가는 것에 대한 전반적인 이해가 생겨난다.

그래서 좋은 습관을 꾸준히 반복하여 이것이 저절로 굴러갈 수 있도록 해야 한다. 그러기 위해서는 시작이 쉬워야 한다. 기존에 유지하던 일상에서 그 시작점을 잡고, 그와 연결된 새로운 습관을 만들어 가는 것이 좋다. 예를 들어 아침 커피를 마실 때 스트레칭을 한다. 이것이 반복되면 스트레칭 후에는 책을 읽는 것과 같이 원래 하고 있던 행동에 연결시켜 나가면서 좋은 습관을 쉽게 만들 수 있다. 그렇게 시간이 지나가다 보면 큰 노력이나 결심 없이도 저절로 그 습관이 유지된다. 물론 이때 자신이 의미 있다고 생각하는 행동을 연결해야 한다. 그리고 더욱 중요한 것은 감당할 수 있는 작은 것부터 목표로 삼는 것이 습관 형성에 효과적이다. 이렇게 하루가 쌓이다 보면 어느 순간 일상에서 많은 성취를 얻을 수 있게 된다.

규칙적인 일상 만들기는 젊은 세대에게만 필요한 건 아니다. 고령층은 은퇴를 하면서 직업에서의 단절을 청년층보다 일반적으로 많이 겪는다. 직업이나 유지하는 일상이 없이 우두커니 하루를 보내게 되는 은퇴한 노인은 그만큼 행복 수준이 낮다. 그리고 단조롭고 지루한 하루가 쌓여가면서 희망이나 기대 없이 살아갈 수 있다. 그러나 별거 아닌 하루하루에 규칙을 만들어 반복하면 이것이 쌓여 새로운 성취도 얻을 수 있고, 바쁜 일상에서 만족감과 행복감을 찾을 수 있다.

어차피 누구나 살아야 할 하루하루, 조금 더 의미 있고 행복하게 살아갈 수 있는 루틴의 일상을 만들어가는 게 중요해보인다.

인간의 칠흑같은 어둠에 대하여

인간은 깨어 있는 시간의 47%를 이런저런 공상을 하면서 보낸다고 한다. 한 조사에 따르면 일반적인 미국 성인의 96%가 매일 여러 가지 종류의 공상에 빠진다. 이렇게 '행복한 공상가Happy Daydreamers'는 인간의 본질적인 모습이라고 할 수 있다. 어느 정도 인지적 발달이 이뤄져야 공상이 가능하기도 하다.

주로 유치원에 다니는 아이들이 많이 하는 소꿉놀이, 병원놀이와 같은 상상놀이에서 시작해 초등학교에 입학할 때쯤 되면 다양한 상상을 활발하게 하게 된다. 이런 상상과 환상 속에서 인간은 점차 성숙한다. 미래의 멋진 자신을 상상하면서 성취지향적으로 되기도 하고, 내게 위협적인 상대보다 더 강한 자신을 상상하면서 스트레스를 해소하기도 한다.

지루한 시간을 견디거나 미래 계획을 세우는 데 공상을 효율적으로 사용하기도 한다. 이런 긍정적이고 건설적인 공상은 스토리텔링을 만들고 창의성을 발휘할 수 있게 한다. 그리고 만족을 지연시켜 조절 능력을 키울 수 있게도 한다. 현재의 만족을 지연시키면 얻어질 미래의 큰 보상을 상상하면서 스스로를 다스리는 것이다. 주어진 상황에 적응하고 긍정적으로 작동하는 공상은 인간의 성장에 필수적이라고 할 수 있다.

그러나 공상에는 부정적인 측면도 있다. 심리적으로 건강한 개인은 기분을 고양시키기 위해서만 공상을 사용하는 반면, 고통을 받고 있는 개인은 공상을 조금 다르게 사용한다. 바로 공상의 위험한 측면인 '부적응적 공상Maladaptive

Daydreaming'이다. 대인관계나 학업 또는 직업 등 현실세계를 대체할 정도로 극심한 판타지를 경험하는 것이다. 이때 강렬한 시각적, 청각적, 감성적 요소를 갖춘 몰입이 일어나게 된다. 이뿐만 아니라 환상에 사로잡히고 싶은 필요나 욕구를 스스로 억제하기 어려운 상태가 된다. 심각하게는 '공상장애Daydreaming Disorder'라는 정신장애를 얻을 수도 있다.

학대에 시달리거나 강한 불안 상태에 있는 사람들은 가혹한 현실에서 안전한 내부세계로 탈출하기 위한 수단으로 부적응적인 공상을 만들어낸다. 위협적이거나 심각한 트라우마가 남을 만한 상황에서 나름의 도피처로 공상에 빠지게 되는 것이다. 대부분 자신의 통제감을 만족시킬 수 있는 상상이거나 사회에 대한 분노를 표출할 수 있는 공상이다. 좌절과 실패의 나약함으로부터 그 누구보다 강한 자신을 만들어 주는 비정상적 공상이다. 특히나 어린 시절에 경험했던 학대나 또래와 관계에서의 지나친 고립 그리고 외로움은 이런 판타지, 환상을 만들어내는 것Fantasizing에 의존하게 한다.

그런데 이런 부적응적 공상은 문제가 될 수 있다. 성인이 되면서 점차 자신의 역할이 바뀌어 갈 수 있기 때문이다. 그 판타지 속에서 자신은 더 이상 수동적인 피해자가 아니라 강력하고 잔인한 가해자가 된다. 이런 역할의 전환은 가상의 복수를 하면서 자신의 트라우마나 고통에서 잠시나마 벗어나게 해준다. 시간이 지날수록 이런 공상에 대한 의존은 점점 증가하고, 그만큼 사회에서 고립되고 적응할 수 없도록 하는 악순환의 고리가 형성된다. 그런 공상은 매우 중독성을 띠며 강제적인 특성을 갖고 있다. 환상이 점점 지속되면서 더 이상 가상세계에서는 충분히 만족할 수 없게 된다. 환상을 현실로 바꾸고 싶은 욕구가 강해지는 것이다.

부적응적 공상은 '병적인 몰입Pathological Absorption'이다. 즉 자신을 잃어버리고 가상의 자신에게 몰입해 폭력이나 반사회적 행동을 유도하는 것이다. 그 극단이 살인이다. 살인은 머릿속으로만 생각했던 정신적 이미지가 현실로 전환되는 것이다. 늘 꿈 꾸던 공상이 실제로 행해지면서 엄청난 희열을 느끼게 된다. 그런 쾌감에는 쉽게 중독된다. 2009년에 결국 스스로 목숨을 끊은 연쇄살인범 정남규가 "담배는 끊어도 살인은 못 끊는다."라고 말했듯이 엄청난 중독성을 가지고 있다.

30여 년 동안 해결하지 못한 화성연쇄살인사건의 진범은 무기수이자 모범수로 25년 넘게 복역 중인 이춘재였다. 그와 비슷한 범죄를 저지른 살인범들도 지금까지 교도소에 생존해있다. 그들이 저마다 품었던 그 무서운 공상은 무엇이었을까. 더 이상 살인을 할 수 없고, 비틀린 욕구를 충족할 수 없는 환경에서 그들은 어떤 공상을 하면서 지내고 있을까. 때로는 인간을 성장시킬 수 있는 공상이, 때로는 연쇄적 죽음과 관련된다. 그래서 섬뜩하다.

우리를 혼란스럽게 하는 것들, 거짓말 심리

언론중재법 개정안으로 한동안 정치권이 뜨거웠다. 요지는 소위 '가짜뉴스'를 규제하겠다는 것이었다. 한편에서는 가짜뉴스의 규제 필요성을 제기하면서 "언론 자유는 보호받을 자격이 있는 곳만 해당한다"라고 주장하는 반면, 반대편에서는 "언론 자유는 민주주의의 가장 기본적인 가치이다."라며 거세게 반대한다. 미국의 도널드 트럼프 전 대통령이 대선 과정에서 《뉴욕타임스The New York Times》나 《워싱턴포스트The Washington Post》 같은 기존 언론을 가짜뉴스의 생산자라고 비난하면서 세계적으로 가짜뉴스 자체가 뉴스의 중심이 됐다. 2016년 옥스퍼드사전이 그 해의 단어로 'post-truth(탈진실)'를 선정하기도 했을 정도로 사회적 논란이 되고 있다.

가짜뉴스의 특성은 SNS가 활성화하면서 거짓말이 포장돼 급속도로 퍼지고, 스노우볼Snowball 현상에 힘입어 점점 확대되는 것이다. 아리스토텔레스가 얘기한 "처음 진실에서 약간 벗어난 것이 나중엔 몇천 배로 늘어난다"란 말이 딱 들어맞는다. 무엇이 진짜이고 거짓인지 판별이 쉽지 않다 보니 사람들은 혼란에 빠진다. 이런 혼란 속에 거짓이 거짓을 낳으면서 점점 더 불안정한 사회가 되고 있다.

인간은 언어를 사용하기 시작하면서 거짓말을 시작했다. 거짓말의 역사는 언어의 출현과 궤를 같이한다. 언어를 사용하여 다른 사람을 감동시키거나 상황을 조종할 수 있게 됐기 때문이다. 그러나 이렇게 문명화된 행동에는 대가가 따르기 마련이다. 이를테면 권력자의 거짓말이다. 자신의 권력을 지키기 위해 하는 거짓말에 국민은 속고, 때로는 심각한 결과를 낳는다.

부정직함이 도덕적으로 잘못됐다는 것을 우리는 알고 있다. 그래서 누군가를 속인다거나 부정한 행위를 하면 본능적으로 불편하다. 이런 심리적 불편함은 신경학적으로 측정되는 정서적 각성을 일으킨다. 이런 정서적 각성이 인간으로 하여금 부정행위를 방지하게 하는 기제로 작동한다. 의학적으로 이런 각성을 차단할 경우 부정직성이 더 유의미하게 증가했다. 교감신경 차단제를 복용한 참여자들은 그렇지 않은 참여자들보다 시험에서 부정행위를 하는 경향이 높아진 것으로 나타난 연구도 있다. 이렇게 정서적 반응이 약해지면 사람들은 부도덕한 행위에 둔감해진다.

최근 연구에 따르면 죄책감과 같은 부정적 정서를 느낄 때 뇌를 촬영한 결과, 편도체가 활성화하는 것을 확인할 수 있었다. 이런 편도체 활성화는 처음에는 강하게 일어나지만 반복되면 그 정도가 감소한다. 즉 부정직함에 따른 편도체 반응이 점점 감소한다는 것이다. 또 부정직함의 상승과 편도체 활성화 정도의 감소는, 특히 그 부정직성이 타인을 위한 것이 아니라 자기 고양적일 때 나타났다. '자기 고양적 거짓말Self-serving Lies'은 이기적인 거짓말을 뜻한다. 자신을 더 그럴듯하게 포장해 주는, 때로는 자신에게 득이 되는 거짓말이다. 이런 자기 고양적 거짓말이나 속임수를 반복하면 뇌의 편도체 활성화 정도가 점차 감소한다는 것이다. 미국의 사회철학자 에릭 호퍼Eric Hoffer가 "자신에 대해 거짓말을 할 때 목소리가 가장 크다"라고 한 것과 의미가 일치한다.

그래서 도덕적 규범으로부터 시작된 작은 일탈은 더 큰 일탈 행위로 이어질 가능성이 있다. 그리고 단순히 부정직함의 반복이 그 부정직함의 상승작용을 가져오는 것이 아니라, 자기 이익을 위한 부정직함이 이후 더 큰 부정직함을 키우게 되는 것이다. 바늘 도둑이 소 도둑 되는 격이다.

이렇게 심각하게 부정직한 행동은 작은 위반 행위가 발단이 된다. 처음에는 아주 작게 시작되지만 일단 한 번 규칙을 위반하게 되면 점점 커져서 범죄 행위로까지 발전한다. 금전적 사기부터 표절, 직권 남용까지 초반의 정직하지 못한 의사결정이 이후 눈덩이처럼 커져 걷잡을 수 없는 결과가 빚어진다. 자신에게는 보이지 않는 이런 '부정직의 가속Dishonestly Escalation'이 발생하는 것이다. 최근 일련의 사건을 보면서 어쩌면 그런 사람들로 가득한 사회가 되어가는 것 같은 생각이 들어 안타깝다.

° 누구나 자신에게
  가장 너그럽다

　문재인 정부가 출범했을 때, 10년 만에 여야가 교체되면서 공격수와 수비수가 자리를 맞바꿨다. 그래서인지 이른바 '내로남불' 현상을 더욱 빈번하게 목격하게 되었다. 여야 교체는 단순히 공간적 지형의 교체에 그치지 않는다. 정치인을 포함한 많은 공인이 SNS에 자신의 정치적 견해를 활발히 개진했던 터라, 스스로의 과거와 맞서야 하는 시계열적 문제까지 더해지는 것이다. 내로남불은 시공간이란 입체적 현상으로 진화했다.

자신이 하는 행동과 타인이 하는 행동에 대한 잣대가 다른 '이중잣대Double Standard' 현상은 인간에서 매우 빈번한 일이다. 행동의 주체에 따라 나타나기도 하지만 한 개인도 자신의 내면에서 과거의 생각 혹은 행동과 현재의 그것 사이의 불합치가 일어난다. 실제로 과거와 현재 사이의 불합치와 모순으로 인해 망신을 당하며 나락으로 떨어진 사례도 많다.

미국 뉴욕주 검찰총장 시절 '미스터 클린'으로 불리면서 성매매 척결에 앞장서 이름을 날린 후, 금융범죄를 강경하게 수사하면서 월가의 저승사자로 떠오른 뉴욕주 주지사 엘리엇 스피처Eliot Spitzer가 대표적이다. 과거에 그렇게나 매섭게 수사했던 행보와는 정반대로, 자신의 성매매 스캔들에 발목이 잡혀 2008년에 불명예스럽게 물러나야 했다.

그런가 하면, 오랜 기간 MIT에서 근무하면서 입학처장까지 된 메릴리 존스Marilee Jones 사건도 있다. 입학 사정 시 학생들의 입학원서에 조금의 의혹이라도 있으면 반론을 불허하고 가차 없이 탈락시켜 칼같은 입학사정관으로 이름이 알려졌다. 이로 인해 MIT는 입학 전형에서 평가 기준이 매우 까다로운 학교 중 하나로 명성이 자자했다. 존스는 한국계 학생들을 '머리는 텅 비어 그저 수학만 좀 하는 애들'이라고 폄훼해 한때 우리나라에서도 악명을 떨친 바 있다.

그렇다면 정작 존스 자신은 어땠을까? 그녀에겐 변변한 학위조차 없었고, 대학과 대학원 학력 모두 허위였다. 28년 만에 밝혀진 학력 위조 사실로 인해 2007년 수치스러운 사임을 하게 된다. 이처럼 과거와 현재의 행위 사이의 불합치와 모순은 이후 더욱 큰 부메랑이 되어 그 사람을 나락으로 떨어뜨린다.

이런 이중잣대 현상을 '냄비-주전자 현상 Pot-kettle Phenomenon'이라고 표현하기도 한다. '냄비가 주전자더러 검다고 한다 The pot calls the kettle black'는 영국 속담에서 유래한 것이다. '똥 묻은 개가 겨 묻은 개 나무란다'는 우리 속담과도 비슷한 말이다.

인간은 누구나 자신의 도덕적 신념을 가지고 있고 이에

합당한 행동을 하려 한다. 그러나 비도덕적 행위를 하게 되면 스스로 그런 행위를 할 수밖에 없었던 이유를 찾아 합리화하면서 심리적 조화를 가지려 한다. 바로 '도덕적 부조화Moral Dissonance' 개념이다.

그런데 자신의 행위가 누가 봐도 명확하게 비도덕적이라 더 이상 합리화할 여지가 없을 때는 이중잣대 현상이 일어난다. 즉 자신의 내면이 아니라 화살을 외부로 돌려 그때의 상황을 탓하거나 타인을 비난하는 것이다. 이는 자신의 체면 유지나 이미지 관리가 중요한 사람에게서는 더욱 더 강하게 작동한다. 그때의 상황이 문제였다든지 상대가 문제였다든지 변명에 급급할 뿐, 자신의 잘못에 대해서는 반성하지 않는다.

이미지 관리에 윤리성 여부가 중요한 지식인이나 공인에게서 이중잣대로 자신의 비도덕성을 해소하려는 성향은 더욱 강할 수밖에 없다. 대중에게 보여지는 모습이 중요한 위치이기 때문이다. 그런데 이런 이중잣대가 과거의 자신과 현재의 자신이라는 시공간에서 일어날 때 과연 언제의 자신을 탓할 것인가. 여야를 막론한 정치인과 공인들의 이중잣대를 지켜보면서, 인간이 가진 이러한 한계에 대해서 씁쓸한 단상을 지울 수 없는 이유가 여기에 있다.

2장

상처도 받고 위로도 받는, 관계

가족이지만, 조금은 떨어져 주세요

코로나19 대유행 이후 강단에 서서 제대로 수업을 진행하기 어려워졌다. 벌써 여러 학기째 우여곡절을 겪으며 개강을 했지만 대부분의 강의에서 비대면으로 진행되고 있다. 학생들이 캠퍼스에 모이는 것 자체를 자제하라는 지침이다. 그럼에도 캠퍼스 곳곳에서는 심심치 않게 학생들 모습이 눈에 띄었다. 복도를 지나가다 무심코 물어보고 싶어졌다. 수업도 안 하는데, 학교에는 굳이 왜 오는 걸까? 돌아온 대답은 이랬다.

"집에만 있는 것도 힘들어요. 부모님이랑 자꾸 싸우게 되거든요."

1차 대유행 시기던 2020년 봄 대구의 한 30대 여성이 재택근무하는 남동생이 집안일을 전혀 하지 않는 것에 분개해 남동생을 흉기로 찔러 특수상해 혐의로 입건되었다. 또 독박육아에 시달리던 아내가 산책하러 가자는 남편의 말에 시비가 붙어 폭행을 당하고 경찰에 신고하는 사례도 일어났다. 경북경찰청은 가정 내 폭력행위가 발생할 우려에 따라 가정폭력에 노출될 위험이 많은 피해자 총 680여 명에 대해 3주 동안 안전 여부를 면밀히 확인하겠다는 발표도 했다.

사회적 거리 두기로 인해 외부인과의 접촉이 줄어든 것에 비례해 가족 구성원 사이의 접촉은 현저히 늘어나게 되었다. 이전에 비해서 물리적 거리가 지나치게 가까워지게 되고 같이 보내는 시간이 너무 많아진 것이다. 밤늦은 시간까지 술 마시느라 귀가하지 않던 남편은 이제 삼시세끼를 제공해야 하는 골칫덩이로 전락했다. 성년 자녀들에게 적응하는 중년 부모들뿐 아니라 학교와 학원에 가지 않는 아이들 육아에 이르기까지, 가정 내 지나친 관계 밀착은 피로감을 넘어 불만으로 그리고 불화로, 심지어 폭력으로까지 이어지고 있다.

전 세계에서 가장 먼저 코로나19가 시작된 중국에서는 이혼율이 급증했다고 한다. 섀클턴 남작부인이자 영국에서 30년 동안 폴 매카트니Paul McCartney와 마돈나Madonna, 찰스 왕세자Charles, Prince of Wales 등 유명 인사들의 이혼 전문 변호사로도 이름을 떨치는 피오나 섀클턴Fiona Shackleton에 따르면 1년 중 가장 이혼율이 높은 시기는 여름휴가나 크리스마스 연휴 직후라고 한다. 부부가 같이 보낸 시간이 길어진 직후이다. 우리나라에서도 명절 직후 이혼 상담이 급증한다는 것은 익히 알려진 일이다. 미시건대학교의 대니얼 크루거Daniel Kruger 교수 역시 자연재해로 사회와의 단절을 경험한 부부들을 분석한 결과 출산율과 이혼율이 동시에 급증했다고 주장했다. 물리적 거리가 비자발적으로 좁혀졌을 때 심리적 거리는 극도로 좁혀지거나 반대로 멀어지는 것이다.

가까이 다가가게 되면 상대의 단점이 더 잘 보이게 마련이다. 연인들도 연애 초기에는 멀리서 상대를 보게 되니 장점만 보이고 그래서 만남을 지속한다. 그러나 관계가 지속되어 더 가까이 가게 되면서는 보이지 않던 단점이 보이기 시작한다. 굳이 보지 않아도 될 것들이 자꾸 눈에 띄는 것이다. 그래서 다툼이 시작되기 마련이다. 그렇게 다투다가 헤어져 멀리 있으면 단점보다 다시 장점이 생각난다. 그래서 화해를 하고 다시 만나게 되지만 또 싸우게 된다. 모든 인간관계의 패턴이다. 지나치게 가까운 관계가 때로는 피곤함을 가져온다. 그러다 보니 종일 좁은 공간에서 같이 있게 된 가족은 이제 더 이상 나에게 긍정적인 영향을 주는 사회적 지원자가 아닌 것이다.

특히나 외부와 고립된 밀폐된 환경에서 생활할 때 심리적으로 격해지고 행동 변화가 일어난다. 고립된 공간에서 오랜 시간 함께 지내다 보면 처음에는 잘 지내다가 사소한 일로 감정조절에 실패하면서 불안, 우울 또는 분노와 적대감이 커지고 극단적 상황까지 이르는 경우가 있다. 남극에 파견되었던 사람들에게서 처음 발견되어 '남극형 증후군Winter-over Syndrome'이라고도 부르는 현상이다. 교도소, 군대, 그리고 기숙사 등 격리된 좁은 공간에서 공동으로 생활할 때 두드러지게 나타난다. 공간 밀집도가 높아질 때 공격성이 높아지는 것이 이유다.

실험으로도 확인이 가능하다. 흰쥐를 좁은 공간에 격리해 놓고 관찰하면, 쥐들이 처음에는 정상적으로 행동하지만 새끼들이 태어나 그 숫자가 늘어나 공간이 점점 비좁아지면 공격성향을 나타낸다. 심지어 서로를 물어뜯거나 죽이는 경우도 발생하였다. 밀폐된 우주선 내 탑승자 사이에 벌어지는 사건을 다룬 영화 〈팬도럼Pandorum〉도 바로 이러한 현상을 그대로 보여주고 있다. 영화로도 만들어진 소설 『마션』에도 비슷한 설정이 있는데, 주인공 마크 와트니가 화성 탐사대에 선발된 중요한 이유 중 하나로 그의 밝고 낙천적인 성격이 언급된다. 환경심리학자들은 도시화로 인해 밀집도가 높은 아파트나 고층빌딩에서의 군집생활이 될수록 범죄가 증가한다고 지적하기도 한다.

좁은 공간에서 생활하게 되면 서로 부딪히는 시간이 많아진다. 지나치게 가까워진 심리적 거리는 상대의 긍정적인 부분보다 부정적인 부분에 더 민감하게 반응하도록 한다. 그러다 보니 서로 피로감이 증가할 수밖에 없다. 더군다나 외부로 나갈 수 없는 환경에서는 더욱 그렇다. 아무리 가족이라 할지라도 서로의 사생활이 그대로 노출되는 좁은 공간 안에서는 밀집도가 높은 만큼 공격성이 발현되기 쉬워진다. 별것 아닌 일로 짜증을 내고 언성을 높이고 결국 폭력까지 휘두르게 되는 것이다. 코로나19가 장기화하면서 외부에서는 바이러스가, 내부에서는 이렇게 가족 간의 불화가 우리를 위협하고 있다.

가정 안에서도 서로 각자의 공간과 시간을 허용하면서 지나친 간섭을 자제해야 한다. 몇 시에 같이 식사를 할 것인지, 집안일은 어떻게 분담할 것인지 등 가정에서 지켜야 할 규율을 만드는 것도 필요하다. 나만의 시간과 공간은 인간에겐 재충전을 위한 최소한의 휴식이기 때문이다. 사회적 거리 두기뿐 아니라 가정에서도 서로 간의 규율을 만들고 이를 지키는 적절한 '가족 간 심리적 거리 두기' 또한 절실히 필요한 시점이다.

맏이의
기쁨과 슬픔

 "몇째세요?" "형이나 동생이 있나요?" 어떤 사람을 처음 만났을 때, 어색한 분위기를 깨려고 흔히 하는 질문들이다. 상대의 답에 따라 우리는 그 사람을 대략 가늠해보려고 한다. 남동생을 둔 맏딸들, 일명 'K-장녀'라면 의젓하며 책임감이 강하고 자기 감정은 잘 드러내지 못할 것이라 짐작한다거나, 누나들만 줄줄이 있는 집의 막내 아들이라면 철 없는 마마보이일 것이라 지레 짐작하는 생각이 그러하다.

우리는 다른 사람들을 볼 때 여러 요소를 가지고 판단한다. 키가 큰지 작은지, 몸매가 날씬한지 뚱뚱한지와 같은 외모를 보고 판단하기도 하고 말이 빠른지 느린지, 걸음걸이는 어떤지 행동을 보고 그 사람에 대한 나름의 인상을 정하기도 한다. 혈액형이나 MBTI 등을 참고하는 사람도 있다. 그런데 이중에서 빼놓을 수 없는 잣대 중 하나가 출생순위다. 착실하지만 소심하고 보수적인 맏이와 반항적이지만 대범한 둘째, 착하고 순진하며 애교가 많은 막내들. 문학 작품과 영화에서 수없이 등장하는 클리셰다.

이러한 우리의 판단은 그저 편견에 불과할까? 언젠가 미국의 일간지 《USA투데이》의 한 기사에서 인용한 조사에 따르면 최고경영자 1,580여 명 중 43%가 첫째였으며 23%가 막내, 그리고 첫째와 막내를 제외한 나머지는 33%였다고 한다. 하버드대학교의 한 강의에서는 학생들에게 첫째만 일어나보라고 하자 그대로 자리에 앉아있는 사람은 20%에 불과했다고 한다. 맏이는 가정에서뿐 아니라 사회에서도 첫째인 걸까? 많은 맏이들이 둘째, 셋째보다 지능이 더 높다고 판단해도 될까?

실제로 심리학 연구에 의하면 첫째 아이는 머리가 좋고 또 정치 지도자들 중에도 맏이가 많다고 한다. 1973년에 네덜란드에서 한 연구에서도 비슷한 결과가 나타났다. 38만 6,114명의 남성을 표본으로 출생순위와 지능에 관해 알아봤는데 첫째의 지능지수가 둘째보다, 둘째의 지능지수는 셋째보다 높게 조사된 것이다. 이는 여러 나라에서도 반복적으로 확인되었다.

맏이들이 생물학적으로 더 뛰어나서 그런 것일까? 그러나 원인은 가정에서 경험하는 독특한 지적 분위기에서 찾을 수 있었다. 출생 이후부터 맏이가 주로 접하는 주변 사람들은 부모나 조부모와 같은 성인이다. 자신보다 지적 수준이 더 높은 성인들과 상호작용해야 하므로 지적인 자극도 풍부하고 언어능력 역시 빨리 발달하게 되는 것이다.

반면 둘째는 첫째에 비해 성인과 함께하는 시간이 아무래도 적은데, 손위 형제와 많이 접촉하기 때문이다. 따라서 출생순위가 내려갈수록 아직 지적으로 발달을 마치지 못한 손위 형제들과 교류하는 시간이 많아져 성인만을 상대하는 첫째보다 지적으로 자극이 덜한 환경에 놓이게 된다. 이로 인해 둘째, 셋째로 내려갈수록 첫째만큼 지능 발달의 기회를 얻지 못하는 것이다.

물론 논란은 있었지만 이 고전적인 연구는 2007년에 노르웨이에서 실시된 연구에 의해 다시 한 번 입증되었다. 1967년부터 1976년 사이에 출생한 아이들 24만 1,300명을 22년 동안 추적하여 조사한 결과 맏이의 IQ는 둘째보다 3% 더 높은 것으로 나타난 것이다.

또한 첫째가 사망한 후 맏이 역할을 하면서 자란 둘째가 보통의 둘째보다 평균적으로 지능이 2.3% 정도 더 높다는 점도 밝혀졌다. 이것은 첫째로 태어났냐, 아니냐가 중요한 게 아니라 '첫째 아이로 키워지는 것'이 중요함을 것을 입증하는 근거다. 출생 서열보다는 사회적 서열이 중요하다는 얘기다. 몇 번째 아이로 태어나느냐보다 어떻게 키워지는지에 방점이 찍히는 것이다.

이렇게 출생순위에 따라 지능이나 성격이 달라지는 이

유에 대해 미국의 심리학자 프랭크 설로웨이Frank Sulloway가 제시한 주장은 꽤 설득력이 있어 보인다. 부모로부터의 일방적 영향만이 아니라, 아이가 가족 안에서 자신만의 위치를 차지하기 위해 머리를 짜내는 전략 때문에 출생순위에 따른 성향의 차이가 생긴다는 것이다.

여기에서 중요한 것은 부모의 관심을 둘러싸고 형제간 경쟁과 전략을 짜는 과정이다. 맏이는 부모에게 첫 자식으로, 많은 사랑과 관심을 오롯이 받으며 자라난다. 손위 형제가 없기 때문에 자신의 위치를 아무런 방해 없이 스스로 선택할 수 있는 셈이다.

그러나 동생이 태어나면 상황은 달라진다. 부모의 관심은 줄어들고, 맏이는 잃어버린 부모의 사랑을 되찾아야 하는 상황에 처한다. 부모는 맏이에게 "동생한테 모범을 보여야지." 혹은 "동생을 잘 돌봐줘야지."와 같은 말을 자주 하게 되는데, 맏이들은 부모의 관심을 받기 위해 이런 기대에 보다 잘 순응하면서 책임감을 기른다. 그 결과 성인이 되었을 때 보수적이며 성실한 성격을 형성하게 되고, 한

편으로는 자기 자리를 지키기 위해 지배적인 성향이나 리더십도 기를 수 있다.

반면 뒤에 태어난 아이들은 맏이에 비해 부모의 관심을 덜 받는다. 이들의 가장 큰 과제는 가족 내에서 첫째에게는 없는 다른 가치를 찾는 것이다. 부모의 눈에 조금이라도 더 띄기 위해 손위 형제가 시도하지 않은 새로운 영역을 개척해야 한다. 이와 동시에 이들은 맏이의 더 높은 지위에도 저항해야 한다.

그래서 첫째와 비교해, 손아래 형제들은 더 많은 경험을 하고자 개방적인 성향을 가지게 되며, 대인관계도 더욱 잘 형성한다. 뭔가 튀고자 하는 갈망 또한 크다. 첫째와의 평등을 주장하다 보니 더 평등주의적 관점을 가지게 되고, 권위나 순응의 압력에 저항하는 성격을 발달시킨다.

그런데 이런 고전적 연구 결과를 그대로 현대 가정에 적용하기엔 한계가 있는 게 사실이다. 요즘에는 대부분의 가정이 자녀를 한 명, 많아야 두 명 정도 낳기 때문이다. 따라서 많은 형제들이 한정된 자원을 나눠 가졌던 과거와는 달리, 상대적으로 적은 수의 형제들이 이전보다 풍부한 자원을 공유할 수 있기 때문에 출생순위에 따른 차이는 예전만큼 두드러지지 않을 수 있다.

첫째라서 더 머리가 좋다든가 리더십이 있다고 단정 짓기는 어렵지 않을까? 무엇보다 한 인간의 가능성을 결정하기에는 출생순위는 사실 너무나 단순한 잣대이다. 누군가의 가능성과 성취는 그가 거쳐온 성장과 교육 환경 그리고 그의 노력에 달려 있지, 출생순위만으로는 그가 어떤 사람인지, 얼마만큼의 가능성이 있는 사람인지 규정지을 수는 없을 것이다.

◦ 어느 날, 부모님이 이상해졌다

몇 해 전 미국에서 있었던 일이다. 한 대학생이 자신의 부모를 상대로 접근 금지 명령을 신청한 것이다. 미국에서는 대부분의 대학생들이 기숙사에서 생활을 하는데 이 학생 역시 마찬가지였다. 집을 떠나 있음에도 불구하고 부모는 딸이 어떤 친구들과 어울리고 데이트하는 상대는 누군지, 술이나 담배 혹은 약물을 하는 것은 아닌지 등 끊임없이 간섭하고 알고자 했다. 그러자 대학생 딸은 부모가 이미 다 성장한 자신의 일상에 지나치게 개입하는 스토커와 비슷하다고 생각하고 접근 금지 명령까지 신청한 것이다.

접근 금지 명령까지는 조금 극단적인 사례라 하더라도, 우리 주변에서 이러한 사례는 굉장히 흔하다. 대학생 자녀는 물론이고 직장인 자녀의 앞가림까지 부모가 해주려는 경우도 있다. 취직 활동에서부터 직장에서 생기는 크고 작은 갈등까지도 나서서 해결해 주고픈 것이다. 나를 염려해서 하는 행동이라는 것쯤은 자녀들도 알고 있다. 그러나 문득 이건 너무 심하다거나, 우리 부모는 왜 이렇게 나를 놓아주지 못할까 고민이 될 때가 있다. 그런가 하면 어떤 때에는 유달리 부모가 작아 보이는 날도 있다. 부모를 내가 의지하는 존재에서 지켜주어야 하는 대상으로 보게 되는 시점이다. 늘 강하고 단단하던 부모님이 언제 이렇게 된 걸까? 혹시 그들도 나처럼 흔들리는 사람은 아니었을까?

자녀가 성인기에 접어들면 부모는 자연스레 중년을 지나가는 시점이다. 아직까지는 비교적 건강한 신체를 유지하는 사람들이 많을 시기이지만 남성과 여성 모두 갱년기를 겪고 노화가 서서히 진행되는 것을 피부로 체감하는 때

이기도 하다. 본인의 타고난 성격, 생활 습관이나 환경, 다른 사람들과의 관계에 따라서 차이는 있을 수 있지만 누구도 피할 수 없는 과정인 것은 틀림 없다. 인지적인 변화도 일어나서 어느 정도 기억력이 감퇴하기도 한다. 지적인 부분에서도 마찬가지다. 물론 나이가 든다고 모든 기능이 떨어지는 것도 아니다. 인지 능력이나 일상에서 필요한 실용적인 대처 능력 같은 경우에는 오히려 더 나아지는 경우가 많다. 세월을 따라 경험으로 얻는 지식이기 때문이다.

사회적으로도 많은 변화를 맞이하는 시기다. 자녀는 성장해 자신의 품을 떠나려 하고, 배우자와의 관계도 마냥 젊었던 시절과는 달라진다. 노인이 된 그들 자신의 부모와도 마찬가지다. 특히 요즘에는 청년층의 취업난과 주거난이 심해지면서 이미 성인이 된 자녀의 뒷바라지를 계속하면서 노부모의 부양도 도맡아야 하는 중년 세대를 일컬어 '샌드위치 세대'라고 한다. 이러한 여러 가지 변화로 소위 '중년의 위기 Middle Age Crisis'를 겪는 것이다. 중년층의 이러한 불안정은 사실 누구나 한 번은 경험하는 과정이다. 마치

사춘기처럼 성별이나 학력 그리고 경제적, 사회적 지위와는 무관하게 겪는 보편적인 현상이다.

요즘 흔히 말하는 '라떼는 말이야'도 어찌보면 중년의 자연스러운 특성 중 하나다. 이미 지나온 청년기와 앞으로 맞이하게 될 노년기 사이에서 젊었던 시절의 추억이 자꾸만 떠오르는 것이다. 괜히 예전 친구들을 찾아보고 옛날 사진들을 꺼내본다거나, 주변 사람들에게 예전 이야기를 늘어놓게 된다. 그러면서 한편으로는 현재에 대해 의문을 가진다. 내가 지금 잘 살고 있는 것인지 이대로 살아도 괜찮을지, 더 나이가 들면 어떻게 살아야 할지, 은퇴 후 노후대비는 어떻게 해야 할지 등 위기감을 느끼는 것이다.

지금까지는 통상적으로 40대에 중년의 위기가 온다고 생각했다. 여기에는 진화론적인 이유가 있다. 아주 먼 옛날 원시시대의 인간은 20살 전후로 사냥과 임신 그리고 출산 활동이 가장 활발했으며 40살 정도가 되면 죽음을 맞는 것이 보통이었다. 자식이 자립할 수 있을 때가 되면 부모는 생을 마감하는 식이었던 것이다. 더 이상 자식을 보살피지 않아도 되었을 뿐만 아니라 그동안의 수렵과 채집 활동으로 신체적인 소모가 많았던 까닭도 있었을 것이다. 어찌되었든 그러던 인간의 생애 패턴이 현대인에게도 여전히 남아 40대에 들어서면 죽음이라는 것을 한층 더 가까이 느끼면서 중년의 위기를 겪는다는 주장이다.

최근에는 그 연령대에 개인차가 있다는 의견이 설득력을 얻고 있다. 스위스의 심리학자 칼 구스타프 융Carl Gustav Jung의 설명은 이러하다. 우리의 성격을 형성하는 4가지 요소로는 사고, 감정, 직관, 감각이 있는데 저마다 우월한 요소와 그렇지 못한 요소가 각각 다르다는 것이다. 그런데 중년기에 접어들면 그동안 인식하지 못한 우월 기능이 떨어지고, 상대적으로 의식하지 못했던 기능이 나타나기 시작한다는 이론이다.

예를 들면 직관이 우월 기능이고 감각이 열등 기능이었는데, 이제는 직관적으로 생각하고 사고하는 것보다는 감성적인 부분들이 더 우월하게 발현될 수 있는 시기가 중년기다. 하지만 인간은 보통 자신의 이러한 미묘한 변화를 잘 알아차리지 못한다. 그렇기 때문에 그것을 통째로 불안으로 받아들이는 것이다.

굳건해보였던 부모도 흔들리는 한 사람이라는 것은 너무나 당연하다. 그들이 지나고 있는 중년기는 특히 혼란한 시기일 수밖에 없다. 도저히 받아들일 수 없는 부모의 행동을 모두 이해할 수는 없겠지만, 그들의 속에서 어떤 회오리 바람이 불고 있는지 조금이라도 안다면 관계가 더 나아지지 않을까?

편을 가르기 때문에 인간이다

직장인들의 퇴사를 주제로 한 많은 조사에서 퇴사 이유 불변의 1순위는 인간 관계다. 특정 한두 사람의 갑질 때문에 힘든 경우도 있지만 어떤 때에는 내부에서 편 가르기, 또는 소위 직장 내 왕따로 인해 어려움에 처하는 일도 많다. 실제로 얼마 전 신입 공무원들이 조직 문화를 견디지 못해 연이어 극단적인 선택을 하는 일이 발생해 사회적으로 충격을 주기도 했다.

나와 타자를 구분 짓는 행동은 인간의 기본적인 욕구

다. 여럿이 모인 조직 안에서 사람들은 집단을 형성한다. 우리는 일반적으로 자신이 속한 집단을 '내집단Ingroup', 그 외의 나머지 집단을 '외집단Outgroup'으로 구분한다. 아무 데도 소속된 곳이 없으면 불안하지만 어디에서라도 소속감을 느낄 수 있다면 우리는 비로소 안정감을 느낀다. 소속되고자 하는 마음은 인간의 본능인 것이다. 소속감을 느끼지 못한다면 이러한 본능을 충족하지 못하는 것이고, 우울증과 같은 심리적 문제들이 발생한다.

실제로 미국의 미시건대학교에서 진행된 한 연구에서 소속감과 사회적 지지, 갈등, 외로움이 우울증에 미치는 영향에 대해 알아보았다. 그 결과 다른 요인들보다 소속감Sense of Belonging이 우울증을 예측하는 가장 정확한 실마리가 되는 것으로 나타났다. 얼마나 많은 친구가 있는지, 그들과 얼마나 자주 만나는지와 연관된 사회적 지지Social Support가 아무리 높아도 소속감이 낮다면 우울증 치료에 그다지 큰 도움은 되지 않았다. 사람에게는 집단에 소속되고자 하는 기본적 욕구가 있으며, 이 부분이 온전히 충족

되지 않을 때에 정신적인 문제들이 일어날 수 있는 것이다. 그래서 사람들은 어떤 집단에든 우선 속하려고 한다.

뿐만 아니라 일단 성공적인 집단에 소속되면 자존감까지 높아진다. 내집단에 대한 평가는 곧 내가 어떤 사람으로 인식되는지에 직접적인 영향을 미치기 때문이다. 그래서 우리는 되도록 힘있는 집단에 소속되고 싶어 한다. 좋은 대학과 좋은 직장, 부유한 지역 커뮤니티에 입성하려는 노력도 다 우리의 이러한 욕구와 연결되어 있다. 만약 그게 여의치 않다면, 스스로의 자존감을 높이기 위해 자신이 속한 집단의 지위를 높이려고 노력하게 된다. 그러기 위해서는 우리 집단이 더 나아질 수 있도록 노력하는 것이 가장 현명한 방법일 테지만, 그것보다는 우리를 제외한 외집단을 비판하고 와해시키는 것이 더 강력하고 손쉬운 방법이다. 즉 내집단의 지위를 상대적으로 높이기 위해 외집단을 차별하고 부정적으로 비난하는 것이다.

그런데 이렇게 '본능에 충실한 행동'이 우리의 자존감을 높여줄지는 모르지만, 장기적으로 보면 실은 그 누구에게도 도움이 되지 않는 처사다. 편가르기는 조직의 성공을 방해하기 때문이다. 그렇다면 우리는 어떻게 편을 가르고 싶은 욕구를 자제할 수 있을까?

우선 서로를 이해할 수 있는 장치를 만들어야 한다. 그냥 상대집단을 이해하라거나 관점의 차이를 수용하라는 식은 미봉책은 성공할 수 없다. 무언가 실질적인 방안이 필요한데, 이를테면 반대 팀의 구성원들을 섞어서 새로이 팀을 구성하여 작업을 하게 하고 보상을 주는 방법 등이 효과적일 수 있다. 이런 과정은 자연스럽게 완전히 다른 집단을 만들고, 새로 형성된 집단에서의 소속감을 기대할 수 있다. 팀원들도 지속적으로 바꿔야 한다. 그렇게 주기적으로 구성원을 바꾸면 한때는 동지였지만 이젠 경쟁 상대가 되거나, 그 반대가 된다. 이런 상황이 반복되게 되면 서로를 이해하고 공감하기 쉬워지는 것이다. 결국 집단 이기성도 감소하면서 편가르기를 하면서 상대를 비판하고 비난하는 빈도도 감소한다.

한편 여러 권의 책을 낸 베스트셀러 작가이자 유명 정

신건강 정보 웹사이트 '사이키 센트럴Psych Central'의 기고자인 그레천 루빈Gretchen Rubin은 누군가의 친구가 되기 위해서는 그 사람과 관심사를 공유하라고 조언한다. 여러 연구에 의하면 같은 관심사를 가지는 것은 다른 사람과의 관계를 지속하는 데 도움이 되며, 삶의 만족도를 증가시킨다고 한다. 즉 누군가를 내 편으로 만들기 위해서는 그 사람이 무엇을 좋아하고 싫어하는지 그 공통점을 찾고 공감하는 것부터 시작할 수 있다는 것이다.

되도록 친절한 말을 건네는 것도 중요하다. 인간은 '특성 전이Trait Transference 현상'으로 인해 자신도 모르게 누군가 자신에게 하는 말을 그 사람과 연관시킨다고 한다. 나를 비호감이라고 말한 사람이 나에게도 비호감으로 느껴지고 나에게 재미있다고 말한 사람은 그 역시 재미있는 사람으로 보이는 것이다. 따라서, 친절한 말을 하고 칭찬하는 것이 결국에는 상대방과 원만한 관계를 맺고 유지하는 데 상당한 도움을 준다. 대화 중 미소를 자주 짓는 것도 같은 맥락에서 중요하다.

자기 자신과 타자를 구분하고 외집단을 배척하려는 마음은 '동물로서의 인간'이 가진 본능이다. 그러나 다른 사람들과 원만한 관계를 형성하며 사회 생활을 유지하는 것은 성숙한 '사회인'으로서 필요한 덕목일 것이다. 과연 지금 우리에게 필요한 것은 무엇일까? 동물의 본능일까, 아니면 사회인의 교양일까?

° 사랑보다 먼,
　우정보다는 가까운?

　꽤 많은 사람들이 해본 경험이지 않을까 싶다. 무언가 새로운 일이 생기면 빠짐없이 보고하고, 심심하면 밥도 먹고 같이 영화도 본다. 가끔은 서로 애인 흉을 보며 낄낄대기도 한다. 우리는 세상에 둘도 없는 완벽한 친구니까. 그런데 주변에서는 자꾸 너희 둘이 사귀냐고 묻는다. 나와 다른 성性을 가진 남사친, 여사친이라서다.

　분명 애인과는 다르다. 그렇다고 그 친구가 애인만큼 소중하지 않다는 뜻도 아니다. 막상 그 친구가 없다거나 다시는 그렇게 가까이 지낼 수 없다고 생각하면 먹먹하고 기분이 이상해진다. '사랑보다는 멀고, 우정보다는 가까운' 이 애매하고 껄떡지근한 남사친, 여사친 사이. 도대체 어떻게 설명해야 할까?

일단 남녀 간 우정과 사랑의 공통점은 '서로 수용할 수 있고 신뢰하고 존중하며 이해하는 관계'라고 할 수 있다. 그러나 사랑은 항상 함께하고 무엇보다 우선해야 하며, 특히 만지고 싶은 성적인 욕망이 이는 '열정적 측면'과 상대방을 위해서라면 내 목숨도 내놓을 수 있을 것 같은 '보호적 측면'이 훨씬 강하다.

반면 이러한 사랑에 비해 우정은 정서적 표현이 그렇게 강하지 않다. 그리고 상대에 대한 질투나 집착도 덜한 편이다. 내 애인에게 다른 애인이 있다고 생각하면 그것은 받아들일 수 없는 사건이 되지만, 내 친구에게 다른 친구가 있다는 것을 우리는 자연스럽게 받아들인다. 연애 관계는 독점적이지만, 친구 사이는 그렇지 않다는 게 가장 큰 차이점일 것이다.

그렇다고 해서 그러한 이성 간 우정에 대해 남성과 여성의 생각이 완벽히 같다고 생각하면 오산이다. 이성 간 우정에 대해 애초에 서로의 생각이 다르기 때문이다. 미국의 두 심리학자 에이프릴 블레스케April Bleske와 데이비드 버스David Buss가 2000년에 실시한 '남녀 간 우정의 장단점에 관한 연구'는 이런 사실을 확인시켜준다. 무엇보다 남성과 여성이 서로와의 우정의 장점으로 꼽은 항목이 서로 반대라는 사실이 흥미롭다.

먼저 여성은 남사친과 연애할 가능성은 없다고 단정적으로 답변했지만, 남성은 여사친과의 연애에 대해서도 얼마든지 생각해볼 수 있다는 입장이었다는 점이 흥미롭다. 또한 여성인 친구를 짝사랑하게 될 수 있고, 관계에 혼란이 생길 수 있다는 점을 단점으로 꼽은 남성들이 여성에 비해 많았다. 결국 남사친은 여사친과의 우정 관계를 유지하기가 여성에 비해 쉽지 않고, 어떨 땐 굳이 꼭 그래야 한다고 생각도 하지 않는다는 것이다.

이렇게 서로 생각이 다르니 남녀 사이의 우정은 자칫

잘못하면 평범한 친구보다 못한 어색한 관계가 되거나, 생각지 못한 사랑으로 전개되기도 한다. 이에 대해 사랑심리학의 대가인 미국의 심리학자 로버트 스턴버그Robert Sternberg 교수는 부재不在로 서로의 관계를 확인할 수 있다는 학설을 제시한 바 있다. 1986년에 실시한 일명 '부재 검사Absence Test'다. 사랑인지 우정인지 분간이 어려워 고민이 된다면, 물리적으로 멀리 떨어져 보라는 것이다. 어느 한 쪽이 몇 달이라도 지방이나 해외로 떠난다거나 군대에 입대하는 자연스러운 상황이면 판별 가능성은 더 커질 것이다.

이때 단순한 우정이라면 상대의 빈자리가 그리 썰렁하지 않고 오래 떨어져 있어도 상실감이 그다지 크지는 않을 것이다. 그러나 갑자기 상대의 빈 자리가 허전하고, 미친듯이 보고 싶고 그리고 시간이 지날수록 그 그리움이 더욱 커진다면 그 사람을 사랑하고 있는 것이다.

분명한 건, 사랑은 불현듯 귓가에 종소리를 울리며 찾아오기도 하지만 이처럼 우정에서 사랑으로 갑자기 변신

하는 트랜스포머 같기도 하다는 점이다. 이 예측불가능한 존재 앞에 가슴 뛰고 살아 있는 기쁨을 느끼는 건 당연한 일. 그 경로의 시작이 옆집이면 어떻고 달나라라면 어떠랴. 그 길의 끝에 거절과 이별이라는 지하 20층의 슬픔이 기다리고 있으면 또 어떠랴. 지구가 자전하고 계절이 바뀌는 것처럼 '사랑 그 놈'을 통해 성장하고 성숙하는 것이 우리에게 주어진 숙명인 것을. 사랑하자. 아파도 좋으니, 마음껏, 몇 번이고!

그래도 하세요, 사랑

2월 14일, 밸런타인데이는 황제의 허락 없이 서로 사랑하는 젊은이들을 결혼시켜준 죄로 순교한 로마 시대의 사제를 기리는 연인들의 날이다. 이후 초콜릿 선물을 주고받으면서 연인이 서로의 사랑을 확인하는 날이 되었다. 반드시 연인이 아니더라도 가까운 사람들에게 초콜릿이나 카드로 감사함을 전달하기도 한다. 그래서 잊고 있다가도 학생들이 건네는 작은 초콜릿 선물에 문득 밸런타인데이라고 깨닫게 되는 날이다. 그런데 밸런타인데이에 대한 열기가 언젠가부터 점차 식어가는 것 같다. 지금의 청년들은 이전 세대만큼 사랑에 그다지 연연해하지도, 사랑에 절절매며 목숨을 걸지도 않는다.

사실 사랑 타령은 중년들이 더하다는 생각도 든다. '그때 그 첫사랑을 붙들걸' '이제 내 인생은 저물어가는데 젊은 날에 연애나 실컷 할걸' 등등 흘러간 사랑을 속절없이 아쉬워한다. 심지어 공부하지 말고 실컷 사랑하고 연애하는 게 남는 거라고 강의시간에조차 강조하는 교수들도 있다. 그런데 정작 듣고 있는 젊은 학생들에게는 그런 조언이 그다지 와닿지 않는 모양이다. 앞으로의 취업과 경제적 자립이 걱정되고, 당장 어떻게 이 험난한 경쟁에서 살아남아야 하는가 절박한 그들에게 연애나 사랑은 어쩌면 사치인지도 모른다.

요즈음 상당수의 성인은 연애 혹은 결혼을 하지 않는 싱글족이다. 미국의 경우 이미 10여 년 전 조사에서 성인의 35%가 싱글이라 답했다. 2019년 한국 인구보건복지협회에서 20대 미혼 남녀 대상으로 한 조사에서는 결혼을 꼭 해야 한다고 생각하느냐는 질문에 남성은 62%, 여성은 43% 정도로 나타났다. 이때는 그래도 약 절반의 미혼 남녀가 결혼에 대해 긍정적인 태도를 보였다. 하지만 1년이 지난 2020년 11월, 통계청에서 실시한 조사에서는 '결혼을 꼭 해야 한다'는 답은 청년층의 경우 더 감소해, 20대 전체 35%에 불과했다.

인간의 전 생애를 통해 이성과의 교류는 예로부터 중요하게 여겼다. 남자와 여자가 만나 자손을 남기는 것이 생의 중요한 과제 중 하나였다. 태어난 어린아이에게는 이후 부모의 희생이 동반된 돌봄이 필요하며, 배우자가 서로 도와 이 아이가 독립할 수 있게 성장시켜야 했다. 그러므로 사랑하고 결혼해서 가정을 꾸리는 것은 진화론적 관점에서 생존에 필수적이다. 지금도 많은 사람들이 매우 중요하게 여기는 일이다. 이러한 이유에서, 자신이 느끼든 못 느끼든 인간은 본능적으로 연인 관계로 발전할 수 있는 상대를 찾고 오랜 시간 지속할 수 있는 관계를 맺기를 소망한다. 그러나 현대 사회에서는 결혼을 기피하고 싱글족이 늘어나면서 이런 진화론적 설명이 뭔가 충분치 않게 되었다. 차라리 연인을 갖지 않는 것이 도리어 번식 성공의 확률을 더 높일 수 있다고 주장하기도 한다.

배우자를 찾고 가족을 부양하기 위해서는 반드시 경제적 자원이 있어야 하는데, 현대 사회에서는 이러한 것들은 타고나는 것이 아니다. 많은 현대인은 한정된 자원 속에서 분투한다. 번듯한 직장과 소득이 있고 사회적 지위를 얻게 되면 더 좋은 짝을 만나 아이를 낳고 가정을 꾸릴 수 있는 사회구조다. 그러다 보니 좀 더 많은 자원을 얻기 위해 싱글로 있는 시간이 길어지는 것이다. 그래야 흡족한 상대를 만날 가능성이 커지기 때문이다.

게다가 우리는 보통 나의 가치보다 더 큰 가치를 가진 사람에게 이성적으로 끌린다. 자신의 가치와 비슷하더라도 좀 더 큰 가치를 가지고 있는 사람에게 이끌리는 것이다. 이러한 조건을 충족시키는 사람을 만나는 것은 시간이 걸리고, 무엇보다도 본인이 이러한 조건을 충족시키는 사람이 되어야 한다. 그리고 그러기 위해서는 상당한 시간을 투자해야 한다. 예를 들면 배우자의 조건으로 경제적인 부, 학력 등이 중요하다면 사실 자신도 일정 수준 이상의 부와 교육을 쌓아야 한다. 그러다 보니 연애나 결혼은 자연히 미뤄지게 된다. 바로 싱글의 '적자생존 이익The Fitness Benefits of Being Single'이다.

이처럼 현재의 4차 산업혁명 사회에서는 여러 가지 점에서 자신의 경쟁력을 높여야 한다. 아주 오래 전에는 주로 남성들이 마음에 드는 여성을 차지하기 위해서 경쟁자보다 주로 물리적 힘의 우위에 있다는 것을 싸움, 결투, 사냥 등을 통해 증명할 수 있었다. 현대에는 더 이상 이러한 방법으로 자신의 우위를 증명할 수 없다. 물리적인 힘은 덜 중요한 가치가 된 것이다. 그 대신 엄청난 자산, 높은 학력, 안정된 직업 등이 필요해졌다. 그렇지 않으면 가벼운 유혹만 있을 뿐이다. 진지한 결혼까지 가기에는 너무나 높은 스펙이 요구된다. 오늘 우리 시대 많은 청년이 결혼이라는 장기적인 관계를 맺기보다는 가벼운 만남을 반복하는 이유 중 하나일 것이다.

그러나 지나치게 가벼운 만남은 허탈하게 마련이다. 다른 모든 것이 그렇듯 사랑에도 정답은 없겠지만 진심을 다하는 사랑이 바로 그 시간, 그 공간에서 마주한 두 사람의 내면을 서로 채우고 성숙시킨다는 것은 분명하다. 장기적인 진정한 사랑은 인생에서 그 무엇보다 중요한 자원이고 경쟁력이다.

인생의 중요한 결정인 만큼 당연히 아무하고나 결혼할 수는 없다. 그렇지만 너무나 이상적인 대상, 조금의 흠결도 없는 완벽한 조건들을 따지면서 그 언젠가를 기다리는 것보다는 조금 더 본능에 충실해 보면 어떨까? 이런저런 계산 없이 좋아하는 마음을 표현하는 날. 이게 사랑인가 혼자 가슴 졸이다가 조심스럽게 전달해보는 날, 밸런타인데이의 그 작은 초콜릿이 그립다. 어떤 조건도 생각하지 않고 열정적으로 빠져보는 사랑을 한 번쯤은 해보는 게 좋지 않을까 싶은 시기가 청년기가 아닌가 싶다. 여전히 어쩔 수 없는 꼰대의 생각일 뿐이란 자책도 들지만 말이다.

사랑한다면 오직 직진뿐?

'이쯤이면 넘어올 때 됐는데? 뭘 또 재는 거지?'
'뭐야, 어젠 다정하다 오늘은 시베리아 저리 가라네…. 대충 좀 넘어가지, 정말 못해 먹겠다.'

연애 초반, 또는 연애가 시작되기 직전의 밀고 당기기, 즉 '밀당'이 주는 에너지 소비는 생각보다 엄청나다. 굶고 달리는 다이어트보다도 효과적일 정도다. 어떤 이는 살까지 쭉쭉 빠진다. 죽을 것처럼 좋다고 쫓아다니고 싶고 하루에도 수십 번씩 뭘 하고 있는지, 너도 내 생각은 하는지 문자를 날리며 내 마음이 가는 대로 다 표현하고 싶지만 애써 눌러 참는다. 너무 한 번에 모든 것을 표현하면 상대에게 쉽게 보일까봐서다. '나쁜 남자가 여자들에게 더 매력적이라는데' '남자는 튕기는 여자에게 끌린다는데' 이런 생각이 하루 종일 머리 속에 맴돈다.

이제 됐으니 그만하자, 생각하다가도 살짝 아쉽고 아깝다. 이만저만 잘 맞는 상대를 만나기도 힘든데 "그만 만나!" 지르고 나면 후회는 내 몫일 것 같다. 이제는 그냥 좀 넘어와주지, 한숨이 절로 난다. 마음이 가는 대로 하면 되는 연애인 줄 알았건만 그게 아니었던가, 사랑이 이렇게 어렵고 힘든 일이었는지 새삼 실감하게 되기도 한다.

비극적인 사실은 연애는 원래 이렇게 어렵고 머리 아픈 일이라는 것이다. 그런데 이 피곤한 밀당이 어찌 보면 연애를 끌어가는 실질적인 원동력이기도 하다. 상대에 대한 소유욕을 만드는 게 바로 이 밀당. 내 손에 쉽게 잡히지 않는 여자, 남자라 더 소유하고 싶은 마음이 생긴다. 인간이 지닌 심리적 저항 욕구 때문이다.

미국 캔자스대학교 심리학과 잭 브램Jack W. Brehm 교수의 '심리적 저항이론The Psychological Reactance Theory'에 따르면, 자신의 통제력이 위협을 받는다거나 영향력이 감소했음을 느낄 때 인간은 앞으로 이 상태가 지속되거나 더욱 진행될 수 있다는 두려움 때문에 어느 정도 각성 상태에 접어들게 된다고 한다. 그래서 긴장을 하고 피하려고도 하지만 위협 받고 있는 대상에 대한 통제력을 되찾으려는 욕구도 함께 작동한다. 그래서 자신에게 위협을 가하는 대상을 오히려 획득하려는 성향을 보인다는 것이다.

연애에서도 마찬가지이다. 쉽게 잡히지 않는 이성에게 더 매력을 느낀다. 다시 말해 어떤 대상에 대해서 선택의 자유가 제한되거나 위협당하게 되면 그 자유를 유지하기 위한 동기가 유발된다는 것이다. 때로는 소유하려는 감정이 더 강렬해진다. 만일 어떤 대상이 점차 멀어져서 그 상대를 선택할 자유가 침해 받게 되면 인간은 이에 대한 심리적 저항을 느낄 것이다.

대부분의 사람들은 어떤 대상을 소유하고자 하는 이유

가 빼앗긴 자유에 대한 심리적 저항 현상 때문이라는 사실은 모른 채, 그저 상대가 매력적이라 자신이 원한다고만 생각한다. 그런데 그게 그 상대가 대단해서는 결코 아니다. 더 가까워지고 싶은 자신의 마음과, 뜻대로 되지 않는 것에 대한 저항이 커지면서 감정이 점점 증폭되는 까닭이다. 그리고 이런 강렬한 감정의 이유를 상대가 너무나 괜찮은 사람이라서라고, 상대에 대해 긍정적인 가치를 부여하게 된다. 특히나 내가 마음에 드는 사람이 나를 마음에 들어하는지 알 수 없는 상황에서 우리의 마음은 더욱 들뜬다. 혹시 저 사람도 나를 좋아하는 건 아닐까, 하는 기대감으로 그에게 더 몰입하는 심리가 있는 것이다. 즉 인간은 확실치 않고 애매모호한 상황에 더욱 관심을 가진다.

한 연구에서 4장의 카드를 늘어놓고 실험을 진행했다. 대상자들을 두 그룹으로 나눠 한 쪽에게는 네 번째 카드를 뽑을 때마다 보상이 주어질 것이라고 알려주었고, 다른 쪽에는 몇 번째 카드에서 보상이 주어질지 알려주지 않았다. 언제 보상을 얻을 수 있는지 확실한 상황과 불확실한 상황을 설정한 것이다. 그리고는 대상자들의 뇌 부위가 어떻게 활성화하는지 관찰했는데, 불확실한 상황에 처한 대상자가 보상이 확실한 상황에 놓인 대상자보다 동기 부여를 자극하는 호르몬인 도파민 분비가 더 왕성했다.

이렇게 쉽게 마음을 주지 않는 상대를 원하는 마음, 통제하고 싶은 마음은 더 간절해진다. 이러한 심리를 잘 활용하면 연애가 한결 수월해진다. 물론 상대의 성향을 보고 적절한 밀당을 조절해야 한다는 것도 잊어서는 안 된다. 심리적 저항 욕구보다 관계의 피로를 더 못 견디는 상대라면 한 번 밀었을 때 아주 밀릴지도 모르니 말이다.

대부분의 남성들은 냉랭한 여성보다 자신에게 따뜻하게 웃어주고 이야기를 잘 들어주는 여성에게 더 관심을 갖는다고 한다. 그런데 만약 그 여성이 자신의 마음에 이미 들어온 상대라면 늘 웃고 있는 것보다 가끔 차갑게 대할 때 더 매력을 느꼈다는 연구 결과가 있다. 다시 말해 서로 마음에 드는 관계일 때 밀당도 통한다. 무조건적으로 밀당을 하는 것보다 어느 정도 상대의 의중을 가늠할 수 있을 때 더 효과적이라는 뜻이다.

이렇게 상대방은 그다지 관심이 없는데 혼자 밀당을 시도한다거나, 지나치게 튕긴다면 장기적인 만남으로 가기 어려울 것이다. 그렇다고 상대가 나에게 그리 싫지는 않은 불편함을 느낄 새도 없이 빠르게 다가서는 것도 연애에 별 도움은 안 된다. 결국 서로 감정의 균형이 중요하다는 뜻이다. 그러한 감정의 무게 추가 한 쪽으로 기우는 관계가 지속된다면 안정적인 관계를 맺기도 어려울뿐더러 이별 후에도 고통이 더욱 지속된다. 밀당은 서로 마음을 확인해가는 과정에서 적절히 이용하고 그 다음부터는 안정적인 사랑을 가져가는 게 필요할 것 같다.

이별도, 기다림도
모두 사랑의 일부

몇 년 전 큰 인기를 끌었던 드라마 〈별에서 온 그대〉에서 멋진 주인공 도민준(김수현)이 눈물을 흘리면서 말한다.

"…나는 그 여자가 좋습니다. 두 달도 좋고 한 달도 좋고 그냥 같이 있고 싶습니다. 이 땅에서 죽는다 해도, 행복한 꿈에서 깨어나지 않을 수 있다면 그렇게 하고 싶은데 정말 안 되는 걸까요?"

사랑 때문에 흘리는 남자의 눈물이 드라마에 등장할 때면 그 극적인 효과는 상당하다. 그런데 때로는 현실이 더 드라마틱할 때가 있다.

그 즈음의 일이다. 갑자기 휴대전화가 울리는데 모르는 번호라 받지 않았다. 그래도 그칠 줄 모르고 잇달아 전화벨이 울리기에 회의 장소로 향하는 중에 문자로 답을 했다. "무슨 일이신가요?" 답을 보내자마자 몇 개의 문자가 쉴 새 없이 도착했다. "교수님 제발 저 좀 만나주세요. 죽을 것만 같아요. 저는 다른 대학에 다니고 있는 학생입니다." "교수님의 책 『도대체, 사랑』을 읽고 저를 이해해주실 것 같아 꼭 뵙고 도움을 받고 싶습니다."

계속되는 문자에 몇 번 정중하게 거절하고 양해를 구했지만, 결국 그 끈질긴 부탁에 약속을 잡을 수밖에 없었다. 무엇보다 너무 낙담한 학생이 뭔가 일을 벌이는 건 아닌지 걱정이 앞섰기 때문이다. 오늘 꼭 만나야 한다는 문자가 계속 계속 오는 것을 한참 설득해서 다음 날로 약속을 정했다. 그렇게 간신히 그를 진정시킬 수 있었다. 이튿날 약속 시간에 딱 맞춰 김수현을 그대로 닮은 훤칠한 청년이 연구실로 들어왔다. 아니, 저런 친구가 무얼 그리 힘들어하는 걸까, 하는 생각이 먼저 들었다. 그런데 그는 자리에 앉아 나를 보자마자 왈칵 눈물부터 쏟았다. 그냥 눈물을 흘리는 거다.

의외로 이야기는 단순했다. 4년 동안 만났던 인생의 전부였던 여자가 떠났다는 것이다. 그 여자 때문에 공부도 하게 되었고, 대충 살았던 자신의 인생을 완전히 바꾸게 되었는데 인생의 의미가 사라진 기분이라고 했다.

문제는 이별의 '귀책 사유'가 이 청년에게 있었다는 점이다. 그의 '인생의 의미'였던 그녀는 그의 집착과 구속을 도저히 견디지 못해서 이제 더 이상 고통을 감당하기 싫다고 표현했던 모양이다. 그의 입장에서는 사랑의 표시였겠지만 상대에겐 감당하기 버거운 구속이었던 것이다.

반성도 하고 잘못도 빌었지만 그녀의 마음은 변하지 않았다. 돌아올 때까지 기다리겠다고 해도, 돌아가지 않을 수 있다고 분명한 의사 표시까지 했다. 결국 청년은 자포자기 상태에서 공부도 그만두고 다른 나라로 훌쩍 떠나 험한 일을 하면서 스스로에게 벌을 주고 싶다고 말했다. 사는 것조차 포기하고 싶은 마음을 먹고는 몇 주 전에 응급실에 실려 가는 일까지 있었다고 한다.

도대체 사랑이 뭘까? 하염없이 울고 있는 이 청년에게 무슨 말을 해줘야 할지 선뜻 입이 떨어지지 않았다. 그러나 그렇게 울고 있는 청년을 보면서 한편으로는 그가 결코 쓰러지지 않을 거라는 안도감이 들었다. 사랑 때문에 눈물을 쏟을 힘이 있다는 것은 결국 그것을 헤쳐 나갈 수 있는 힘, 인생의 그 어떤 어려움도 극복할 수 있는 에너지가 있다는 것일 수 있다. 그런 안도감이 드는 순간, 사랑하는 사람 때문에 그렇게 울 수 있는 그 청춘이 부러워지기도 했다.

울고 있는 청년에게 무슨 말을 해야 할지 고민하다가 진정 그녀를 사랑한다면 기다릴 수 있어야 한다, 그 시간이 언제가 되더라도 기다려야 하지 않을까 생각한다는 말을 건넸다. 사실 지금 상황이 힘들어서 청년이 스스로를 망가뜨리겠다는 것은 사랑도 아니고 여전히 지속되는 집착과 원망이다. 집착과 구속은 진정한 사랑이 아니다. 사랑하기에 상대를 인정해주고, 떠나감도 인정해주어야 한다. 그리고 하염없이 기다리는 것도 사랑의 일부다.

'내 사랑도 어디쯤에선 반드시 그칠 것을 믿는다. 다만, 그때 내 기다림의 자세를 생각하는 것뿐이다'

황동규 시인의 시 「즐거운 편지」에 들어 있는 이 구절은 낭만적이기만 한 것이 아니라, 심리학자의 입장에서도 고개를 끄덕이게 만든다. 언젠가 만나겠지 하는 기다림은 이별하는 최선의 방법이기 때문이다.

만일 그 청년이 공부도 그만두고 어딘가 모르는 나라에서 막노동을 하면서 자신을 학대한다면, 그것은 본인과 상대에게 그 어떤 의미가 있을까. 자신의 인생을 망쳐버린 그녀를 계속 원망하고 결코 용서 못하게 되는 것, 살아가면서 그런 원망을 가지는 것은 큰 비극이다. 당장은 힘들겠지만 결국에는 아주 먼 훗날에 그 추억, 그 기억을 즐겁고 기쁘게 떠올릴 수 있어야 하지 않을까?

이야기를 끝낸 청년은 밝은 얼굴로 감사하다고 연신 인사를 건네고 차분하게 내 연구실을 나갔다. 그 뒷모습을 보고 있자니 내게도 새로운 에너지가 생기는 기분이었다.

그래, 사랑은 젊음이고 용기다. 사랑할 용기와 젊음을 우리 삶에서 지속시켜 가야 할 것이다. 한 사람을 사랑할 열정, 내가 하고 있는 일에 대한 열정…. 우리 인생에서 사랑은 필수조건이다. 가족이든 연인이든 친구든 누가 됐든 상대를 진정으로 사랑하는 것. 더 나아가 구속이나 집착, 원망에서 벗어난 성숙한 사랑이 우리가 추구하는 진정한 사랑의 모습이 아닐까.

° 결혼, 하고 싶은데 안 하고 싶어!

분명 이 사람이란 생각에는 변함이 없다. 일생일대 운명의 상대로도, 밑져야 본전인 결혼의 속성에 비춰봐도 이만한 상대가 있을 리 없다. 그런데 그런 사람과의 결혼을 앞두고 왜 이렇게 불안하고 우울한 걸까? 지금까지 혼자 살았는데 누군가와 함께 산다는 게 두렵고, 내 인생을 한 사람에게 맡긴다는 게 옳은 일인지 확신이 서지 않는다. 프러포즈를 받던 순간 하늘을 날 것 같던 기분은 홀연히 사라지고, 복잡하고 정신 없는 결혼 준비와 결혼을 앞뒀다고 봐줄 리 없는 일상 업무에 스트레스 지수는 하늘 높은 줄 모르고 치솟으면서 온 세상이 블루다.『어깨너머의 연인』이란 소설을 쓰기도 한 일본의 작가 유이카와 게이唯川惠는 이런 결혼을 앞둔 남녀의 과거에 대한 아쉬움과 미래에 대한 불안을 '메리지블루Marriage Blue'라 명명했다.

우리가 살면서 겪게 되는 비교적 사소한 우울감이나 스트레스는 나쁜 일이 있을 때만 느끼는 감정은 아니다. 무조건 좋기만 할 것 같지만 갑작스러운 횡재를 했을 때 발생하는 스트레스 지수도 사실 엄청나다. 이 공돈을 어디에 어떻게 써야 좋을지, 가까운 사람들에게 나눠주는 게 좋을지, 혹시 돈 때문에 의가 상하는 일이 생기는 건 아닐지 머리가 복잡해진다.

결혼도 마찬가지다. 내 영원한 반쪽이 생긴다는 기쁨이나 꿈에 그리던 결혼 생활을 할 거라는 행복감은 그야말로 환상이다. 그 환상의 지속기간은 그리 길지도 않다. 많은 생활의 변화, 그리고 신경 써야 할 것이 몇 배나 늘어나면서 보통 복잡해지는 것이 아니기 때문이다. 그러니 결혼식

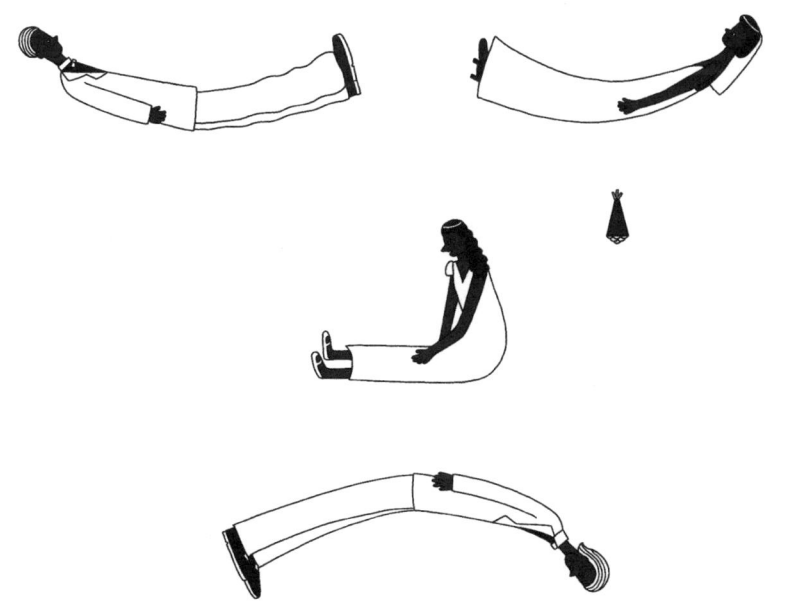

이 가까워지면 도망가고 싶은 마음이 드는 건 아주 자연스러운 일이다.

사람들은 모든 상황과 사건에 대해 나름대로의 해석을 한다. 그런데 이때 상황을 해석하는 방식이 곧 닥칠 일이냐, 아니면 먼 미래의 일이냐 따라 차이가 생긴다. 먼 미래에 대해서는 추상적인 인상, 그러니까 전체적인 느낌이나 기분이 좋다 나쁘다 정도로만 막연하게 받아들일 수 있다. 하지만 가까운 일은 구체적이고 상세한 부분에 집중하게 되는 것이다.

결혼을 앞둔 대부분의 예비 부부가 겪는 심리적 변화 역시 '해석 수준 이론Construal Level Theory'에 따라 달라지게 된다. 결혼 날짜를 잡고 아직 멀게 느껴 질 때는 그저 행복하다. 이제 혼자서 외롭지 않아도 되고, 영화관도 여행도 손잡고 같이 갈 사람이 있다. 영원한 내 편이 생긴다니 그것만으로 충분히 행복하다. 그런데 점점 결혼식이 가까워질수록 생각지 못했던 작은 부분들이 구체적으로 보이기 시작한다. 이전엔 중요하게 여기지 않았던 상대방의 결점이 갑자기 중요하게 여겨지기 시작한다. 내가 진짜 이 사람을 사랑하긴 하는 건지 의문이 생기고, 나 홀로일 땐 문제될 게 없었지만 앞으로는 신경써야 할 가족(시집이나 처가)도 배가 되어 버렸다.

다시는 돌아갈 수 없는 과거에 대한 아쉬움이 불안감이 우울감으로 발전한다. 나의 반쪽을 찾은 직후 느끼게 되는 안도감에 따른 허망함일 수도 있다. 그러나 이것은 너무도 당연하다. 인생의 중대한 선택과 결정에 서약하는 책임감이 안겨주는 건강한 스트레스다. 프러포즈와 달콤한 키스로 THE END를 알리는 로맨틱 드라마의 후속 편 주인공이 되었다고 생각해보면 어떨까? 때론 픽션의 세계보다 실화극장이 더 흥미롭고 재미있다. 지나친 불안과 우울로 결혼식 전 피부 트러블까지의 삼중고를 겪는 것보다 새로운 우리만의 로맨스를 시작해보는 거다. 후속판 "그 후로 영원히 행복하게 잘 살았답니다."의 현실판을 써나가보자, 새롭게 떨리는 마음으로.

어떻게 너를 잊을 수 있을까
: 펫로스에 대하여

　미국 일리노이주의 한 어린이 전문 치과에는 조금 특별한 직원이 근무하고 있다. 바로 골든리트리버 조조JoJo가 그 주인공이다. 이 치과의 홈페이지 소개에도 정식 직원으로 등록된 조조는 간단하지만 아주 중요한 업무를 맡고 있다. 아이들이 치료를 받을 때 무릎에 가만히 고개를 올려놓는다거나 손 위에 발을 포개주면서 공포에 질린 환자들을 조금이나마 안심시키는 일이다. 이를 위해 조조는 간호 전문 훈련까지 받았다고 한다. 아이와 보호자 들에게 인기만점이라 조조가 있는 시간에 예약을 잡으려는 사람들이 많은 것은 물론이고, 심지어 환자에게 투여하는 안정제의 양도 상당히 줄었다고 한다. 인간만이 동물을 보호하는 것 같지만, 한편으로는 동물도 인간에게 매우 의지가 되는 존재임을 보여주는 사랑스러운 사례가 아닌가 싶다.

2020년 말을 기준으로 한국에서 반려동물을 기르는 '반려가구'는 604만 가구다. 전체의 29.7%를 차지하는 셈이다. 반려인은 1448만 명으로 '반려인 1500만 시대'를 눈앞에 두고 있다. 반려동물로 개를 키우는 집이 80.7%로 가장 많았으며, 2018년 75.3%에 비해 5.4% 증가한 것으로 나타났다. 고양이가 25.7%로 바로 뒤를 이었고 그 외 관상어나 햄스터 등을 반려동물로 기르는 집들도 있었다.

사실상 모든 동물이 인간에게 사회적지지Social Support를 준다. 동물과 함께 보내는 시간은 즐거울 뿐 아니라 우리의 건강에도 전반적으로 유익하다. 동물을 쓰다듬거나 붙잡거나 껴안으면 우리 몸에서 세로토닌과 도파민 수치가 높아져 자존감과 행복감은 높아지고 우울감과 외로움은 줄어든다. 반려동물과의 상호작용은 심장 박동 수를 느리게 하고 몸에서 스트레스 호르몬인 코르티솔 수치도 감소시킨다. 앞선 사례의 치과에서 조조의 활약이 바로 이것이다. 그러나 개나 고양이처럼 꼭 쓰다듬을 수 있는 동물이어야 하는 건 아니다. 물고기를 키운다고 하더라도 어항 속의 필터 소리를 듣거나 물고기가 헤엄치는 모습을 보는 것만으로도 인간의 스트레스와 긴장은 상당히 완화된다.

그러나 이렇게 정서적으로 가까운 반려동물은 대부분 우리보다 먼저 세상을 떠난다. 키우던 동물을 떠나보내는 일은 우리에게 인간인 가족의 죽음과 비슷한 정도의 고통을 준다. 대체로 반려동물의 죽음을 애도하는 기간은 6개월에서 1년까지 지속될 수 있으며, 어떤 경우에는 남은 삶 내내 이어질 수도 있을 만큼 깊은 상처로 남기도 한다.

반려동물과 사별한 사람들의 반응은 제각각이다. 떠난 동물에 대한 감정과 추억을 다른 사람과 나누기도 하고, 슬픔을 잊기 위해 곧바로 다른 동물을 데려오는 사람도 있다. 심각한 경우에는 우울증에 빠지거나 갑작스럽게 분노를 표출하기도 하며 동물의 죽음에 대해 필요 이상의 죄책감을 갖기도 한다.

반려동물과 이별한 슬픔을 극복하는 방법에는 여러 가지가 있을 것이다. 그런데 한 연구에 따르면 지속적인 유대 형성과 추모가 도움이 될 수도 있다고 한다. 인간인 가족이 세상을 떠났을 때, 우리는 그를 주기적으로 기억하고 기린다. 이미 떠났지만 사랑하는 사람과 감정적으로 연결되기 위한 노력이다. 반려동물의 유가족도 이와 같은 방식을 택할 수 있다. 반려동물의 사진을 보면서 대화를 나눈다거나 쓰던 물건을 보관한다거나, 함께 자주 갔던 장소에 가보는 등의 행동을 통해서 비록 물리적으로는 떠나고 없을지라도 내면에서는 지속적인 유대를 형성하며 슬픔을 소화하는 것이다.

다른 사람의 도움을 받는 것도 좋은 방법이다. 사회적인 지원은 깊은 슬픔을 완화하기 위해 필수적이고 삶의 질을 향상시키기도 하기 때문이다. 가장 가까이에서는 반려동물을 꾸준히 봐준 수의사를 떠올릴 수 있다. 다니던 동물병원에서 단순히 보호자를 달래는 것을 넘어 사별 슬픔을 상담한다거나 지지 집단Support Group, 반려동물 사별 핫라인 등을 소개할 수도 있을 것이다. 또는 전문적인 정신건강 상담사와 보호자가 느끼는 슬픔에 대해 이야기를 나누는 것도 보다 빨리 마음을 추스르는 데 도움이 된다. 사람들은 열린 환경에서 서로 돕고 배우며 죄책감과 우울감을 경감시키기 때문이다.

이외에도 누군가는 곧바로 다른 동물을 데려오기도 한다. 다른 생명을 돌봄으로써 또 다시 목적을 찾을 수 있기 때문이다. 종교가 있는 사람들은 종교에 기대기도 한다. 어떤 방식을 택한다 하더라도, 친구보다 더 가까운 반려동물과의 이별은 가족의 이별만큼이나 슬프고 힘든 고통이다. 그러나 만남이 있으면 이별도 있게 마련이며 모든 생명은 언젠가 스러진다. 그래서 마음이 아프더라도 이런 죽음을 미리 예견하고 이에 대해 심리적인 준비를 평소에 해두는 것이 필요하다. 반려동물을 키울 때의 또 하나 준비, 즉 '심리적 준비' 역시 필수인 것이다.

3장

우리 모두의 마음속에는
길을 잃고 헤매는 이가 있다

실패보다 값진
시도

 대학에서 오랫동안 일하다보니 해마다 새학기가 되면 신입생들을 눈여겨 보게 된다. 당연한 말이지만, 신입생의 긴장과 스트레스는 어떤 학생보다도 높다. 새로운 환경에 적응한다는 것은 누구에게나 어렵기 마련이다. 제대로 해낼 수 있을까 하는 두려움도 크고, 결국 끝까지 하지 못할 것을 괜히 벌이지 말아야겠다는 생각이 들 때도 있다.
 새로운 시도를 앞뒀을 때, 우리는 '한번 해볼까' 아니면 '그냥 하지 말까' 사이에서 늘 고민한다. 그리고는 후회를 한다. 하지 말걸 하는 후회도, 했어야 했는데 하는 아쉬움도 있다. 둘 다 후회스럽긴 마찬가지이다. 그런데 인간은 하지 못한 일은 장기적으로 저지른 일은 단기적으로 후회하는 성향이 있다.

행한 일에 대한 결과가 만족스럽지 못해 일어나는 후회는 고통이 짧지만, 그 후에 그걸 만회하려는 행동이 뒤따르게 된다. 자연스럽게 점차 수정하고 보완한다. 결국 저지른 일은 과거의 일이 되고, 심지어 그것이 더 좋은 기회가 됐다고까지 생각된다. 이미 해버린 일에 대해서는 합리화를 하는 것이다.

그러나 망설이다가 결국 행하지 않은 일은 시간이 지나면서 두고두고 후회가 따른다. '내가 그때 왜 그걸 안 했을까' '그걸 했으면 내 인생이 달라졌을 텐데'라는 자책이 계속 이어진다. 수정하고 보완할 수 있는 기회조차 없기에 하지 못한 일에 대한 생각이 떠오르면 후회감이 지속된다.

저지르지 못한 일은 과거의 일이 아니고 현재까지 영향을 주는 일로 계속된다. 시도하지 않았기에 이 또한 미완

성인 것이다. 우리는 완료되지 않은 것에는 늘 미련을 갖는다. 미완성에 대한 기억, 바로 '자이가르니크 효과Zeigarnik Effect'이다. 완성하지 못한 일을 마음 속에서 지우지 못하고 계속 기억하게 되는 현상을 말한다. 러시아의 심리학자 블루마 자이가르니크Bluma Zeigarnik의 이름에서 비롯됐다.

1920년 말, 자이가르니크는 오스트리아 빈의 한 카페에서 웨이터가 수많은 손님의 방대한 음식 주문을 계속해서 기억해내는 것을 관찰하게 됐다. 웨이터들은 서빙이 완료될 때까지는 계속 기억을 하고 있지만, 서빙이 끝난 후에는 전혀 기억을 하지 못했다. 그래서 이루어진 일련의 실험 결과, 인간은 완성한 과제보다 완성하지 못한 과제를 두 배나 더 잘 기억한다는 것이다.

일단 뭔가를 시도하게 되면 사람들에겐 긴장감이 생기고 그것이 완성될 때까지 목표 달성에 대한 욕구가 계속 일어나게 된다. 과제를 다 완료해 목적을 이루게 되면 비로소 그 긴장감이 해소된다. 반면 마무리하지 않았을 때 사람들의 마음은 그 일에 계속 사로잡혀 있다. 그래서 미완성 과제에 대한 세부 기억이 더 선명한 것이다.

  우리 인생에서 후회는 피할 수 없다. 그런데 시도했다 실패한 것보다 시도조차 하지 않은 것에 더 많은 후회가 따른다. 해내지 못할까봐 두렵더라도 일단 시작하면 어떻게든 굴러가게 마련이다. 그 과정이 힘들더라도 완성하려는 힘이 목표를 향해 끌고 가게 되어있다. 어떤 목표를 달성하려고 노력하는 과정에서 스스로에 대한 유능감도 점차 생겨난다. 긴장감과 스트레스가 발생함과 동시에 이를 감소시키려는 힘이 길러지면서 어느새 완성에 이르게 되는 것이다.

  무엇을 주저하는가? 움츠려 지냈던 겨울이 지나고 새 봄이 오면 새롭게 힘껏 뛰어오를 시기이다. 시도하자. 무엇이든 저질러보자. 땀 흘리는 여름이 오면 그 과정에 노력하고 있는 자신을 발견할 것이다. 알고 있지 않은가? 결실과 함께 가을도 반드시 올 것이라는 것을.

° 행운과 노력
사이

 운동선수에게는 올림픽, 수험생에게는 시험처럼 중요한 일을 앞두게 되면 실력보다 운이 중요하다는, 소위 '운칠기삼運七技三'이라는 말을 쉽게 떠올리곤 한다. 몇 년 아니 몇십 년 동안의 노력을 쏟은 경기장 또는 시험장에서 부상을 입는다거나 심리적 압박감을 못 견디고 시험을 망치는 등 예상 외의 결과가 벌어지기도 하고, 의외의 인물이 큰 성과를 거둬 운이 좋았다는 평가를 받기도 한다.

 2021년에 치러진 2020 도쿄 여름 올림픽에서는 여자

사격 스키트 세계 1위인 앰버 힐Amber Hill을 비롯해 코로나 19 확진으로 경기에 출전하지 못한 선수들이 있었다. 그런가 하면 한국 여자 체조 역사상 첫 올림픽 메달을 따낸 여서정은 한국 최초의 부녀父女 올림픽 메달리스트로 관심을 받았다. 물론 선수 본인이 그간 기울인 노력이 메달의 일등공신임은 부정할 수 없다. 그러나 미국 선수 시몬 바일스Simone Biles의 기권이 전혀 작용하지 않은 결과라 보기도 어렵다. 체조 여제라 불리는 바일스는 심각한 스트레스와 심리적 압박감을 견디지 못해 여자 기계체조 단체전에서 중도 기권했고, 도마와 이단평행봉 결선도 기권했다.

이런 쪽으로 여태까지 올림픽 최고의 행운아로 불렸던 인물은 바로 오스트레일리아의 쇼트트랙 선수 스티븐 브래드버리Steven Bradbury다. 2002년 솔트레이크시티 겨울 올림픽 쇼트트랙 2000m 종목에서 금메달을 딴 브래드버리는 그야말로 행운의 신으로 통했다. 김동성, 안톤 오노, 안현수 등 당시 세계 최상위권 선수와 같은 조였기에 그가 메달권 안에 들어가리라고는 누구도 상상하지 못했다. 그러나 결승전에서 앞 선수 4명이 모두 넘어지는 바람에 얼떨결에 금메달리스트가 된 것이다. 자신도 믿을 수 없는 금메달이었다. 이후 '두 어 브래드버리Do a Bradbury(뜻밖의 결과로 횡재를 하다)'라는 말이 유행했을 정도다.

이렇게 운칠기삼, 운이 더 많은 것을 좌지우지한다는 생각에 이끌리면 운에 기대려는 심리가 생겨난다. 자신의 노력으로는 아무 것도 되지 않는다는 '수저계급론'도 이미 타고난 운이 좋으면 성공도 더욱 쉬워진다는 생각에서 나온 게 아닐까 싶다. 그러다 보니 별자리와 같은 점성술, 손금 읽기, 사주 등에 젊은층도 점점 관심을 가진다.

사람들은 어떤 부정적인 일을 경험하거나 스트레스를 받을 때 그런 사건이 '왜' 일어나는지 알고 싶어한다. 별자리 운세나 타로카드는 비록 실증적인 방법은 아니더라도 어떤 사건이 일어났는지에 대한 프레임을 제공해준다. 사주나 점성술을 통해서 자신의 성격에 관한 진술을 듣게 되면 사실 따지고 보면 많은 이들에게 해당되는 이야기이지만 자신에게 더 잘 맞는 것처럼 느끼게 되고, 그에 대한 믿음이 강화되기도 한다.

성격유형검사도 부분적으로는 이와 관련이 있다. 최근 젊은층을 대상으로 유행하는 MBTI검사가 대표적이다. 성격을 16개의 유형으로 나누어서 설명하는 검사다. 이 검사를 실시한 대부분의 사람은 결과가 너무나 자신의 성격을 잘 설명한다고 이야기한다. 같은 유형에 속하는 그 많은 사람의 개인차가 얼마나 클 텐데, 그런 것은 무시된 것이다. 그러다 보니 MBTI가 본인의 성격을 잘 맞춘다는 생각이 들고, 때로는 16가지 유형 안에 자신을 끼워 맞추려는 노력까지 슬그머니 하게 되기도 한다.

'바넘 효과Barnum Effect'는 바로 이런 현상을 잘 설명한다. 바넘 효과란 거의 모든 사람에게 해당하는 성격에 대한 진술을 자기 자신에게만 유효하게 해당한다고 생각하는 경향을 의미한다. 이러한 현상을 최초로 실험적으로 증명한 심리학자 버트럼 포러Bertram Forer의 이름을 따서 '포러 효과Forer effect'라고도 한다.

포러는 그의 심리학 수업 강의에서 학생들에게 간단한

성격검사를 실시했다. 일주일 후, 학생들은 저마다 자신의 검사 결과를 받게 됐다. 대부분의 학생들이 결과가 너무나 자신의 성격을 잘 설명하고 있다며 만족스러워했다. 그런데 이 검사에서 가장 중요했던 점은 모든 학생이 똑같은 결과지를 받았다는 사실이다. 자신의 성격에 관해 묘사한 글은 사실 모두에게 동일했고 구체적이지도 않았지만 학생들은 그 검사도구가 성격 측정에 적합하다고 평가했다. 즉 사람은 모든 사람에게 보편적으로 들어맞는 성격이나 심리적 특징인데도 자신만의 특성으로 여기고 그 설명에 자신을 맞추려 하는 경향이 있는 것이다.

이러한 경향은 사람들의 불안과 연관이 있다. 사람들은 불안하거나 걱정이 있을 때 심리적인 도움을 받고 싶어하고, 그렇기 때문에 결과의 정확성은 별로 고려하지 않고 의심 없이 정보를 받아들이는 것이다. 또한 다른 사람으로부터 인정받으려는 사회적 인정욕구가 높은 사람일수록 성격 유형검사에 더 의존적이라는 연구 결과도 있다.

물론 자신의 성격이 어떤가를 스스로 판단하고 자신의

강점과 약점을 파악해 긍정적으로 활용하는 것은 좋은 일이다. 그러나 이런 유형검사에 지나치게 의존하는 것은 금물이다. 마치 이 검사가 자신의 성격을 완벽하게 진단해주었고, 그에 따라서 이런 사람은 멀리하고 저런 상황은 회피해야 한다는 맹목은 피해야 한다. 사주를 보거나 점을 보는 행위도 중독이 일어날 수 있듯이, 이런 검사 의존성도 습관화될 수 있다. 자신의 성격도 변할 수 있고, 능력도 달라질 수 있다는 마음을 가지는 것이 더 현명하다.

살아가는 데 운이 중요하긴 하지만 모든 것이 이미 운명이나 어떤 천성적인 요인으로 결정돼 자신의 힘으로 할 수 없다는 무기력에 빠지는 것이 무슨 도움이 되겠는가? 내가 기울인 노력이 어쩌면 운명도 바꿀 수 있다는 유연한 마음가짐이 우리를 각자의 성공으로 이끌지 않을까?

폭력이 우리에게 남기는 것들

최근 몇 달 사이 연예계와 스포츠계 스타의 학교폭력 미투, 즉 '학투'는 마치 지뢰와도 같았다. 유명 프로배구 선수들을 필두로 다른 종목의 선수, 연예인 들에게까지 번진 것이다. 학창 시절 학교폭력을 당한 피해자의 폭로로 가해자들의 사과와 처벌이 이어지고 있다. 심지어 십여 년 전이어도 피해자들에겐 아직 생생한 사건들이 가해자의 기억에서는 잊힌 지 오래인 경우가 많다. 몇몇 가해자로 지목된 이들이 당황스럽다고 말하는 것은 그래서 어찌 보면 당연한 일이다. 그러나 학교폭력은 피해자에게 분명히 기억되고 시간이 지나도 재경험되는 트라우마다.

최근 관련 연구에 따르면 학교폭력의 특징과 양상은 나라마다 다르지만, 공통적으로 만 14세를 전후해서 가장 심하게 나타난다고 한다. 이는 진화심리학적인 의미가 있다. 원시사회에서 청소년기가 되면 사냥을 시작하고 점차 가정을 꾸릴 채비를 해야 했다. 이때 누군가는 자신의 우월한 신체적 조건과 공격적인 성향을 사용하여 음식을 갈취하기도 했는데 이들은 공격성이 덜한 구성원보다 생존하기가 더 쉬웠다. 이처럼 공격성이 높은 청소년들은 또래와의 경쟁에서 일반적으로 우위에 있으며 더 많은 자원을 얻을 수 있다. 경쟁에서 이기기 위한 공격성의 표출이 청소년기에 가장 빈번하고 학교폭력 또한 청소년기에 주로 일어나는 것은 이런 이유에서다.

한때 미국을 떠들썩하게 했던 로빈 톰린Robin Tomlin의 사례는 학교폭력의 피해 경험이 오랜 시간 지속된다는 것을 보여준다. 그는 1970년 고등학생 시절에 심각한 학교폭력을 당했는데 오랜 시간이 지났음에도 학교폭력과 학교의 차별에 대한 트라우마에 계속 시달렸다. 그러다 42년 만에 과거의 학교폭력과 차별을 공개적으로 폭로했다. 학교는 40여 년 전 사건을 그 당시 분위기에 따라 무심히 넘겨버린 것에 대해 진심으로 사과했다. 한 인터뷰에서 그는 "가해자들이 나를 42년 동안 막대기로 때리는 듯한 느낌을 계속 받고 살아왔다."라고 했다. 이미 두 아이의 아버지가 되었으나 학교폭력의 피해와 고통은 여전히 그를 놓아주지 않았던 것이다.

한편 학교폭력 피해는 신체적 건강에도 장기적으로 나쁜 영향을 미친다. 최근 이러한 악화 원인이 코르티솔 각성반응Cortisol Awakening Response, CAR의 비정상화 때문이라는 주장이 제기되었다. 학대 혹은 학교폭력을 경험한 사람들은 아침에 코르티솔 분비량이 적었다가 점점 높아지는 양상을 보인다. 이는 일반적인 사람들의 코르티솔 각성반응과는 완전히 반대되는 양상이다. 이러한 비정상적인 코르티솔 분비가 신체 건강에 나쁜 영향을 끼치는 것이다. 문제는 이처럼 비정상적인 코르티솔 분비가 장기적이며 만성적이라는 점이다. 다시 말해 학교폭력 피해자들은 뇌에서 스트레스에 반응하는 부분이 지속적으로 이상반응을 보이는 것이다.

학교폭력 피해자는 일반적인 학생에 비해 코르티솔이 적게 분비되는 것으로 나타났다. 때문에 이들은 사회적 스트레스 상황에 상대적으로 더 예민하게 반응한다. 이는 일상생활의 코르티솔 분비량에도 악영향을 주는데, 생활하면서 종종 맞닥뜨리게 되는 스트레스 상황에서 제대로 대처하지 못하게 만든다. 결국 어린 시절의 폭력 피해 경험이 오랜 시간에 걸쳐 영향을 끼치는 것이다. 성폭력 피해자, 살인사건 유가족과 같은 어린 시절 끔찍한 경험을 입은 사람에게도 비슷하게 일어나는 현상이다. 뿐만 아니라, 이들 대다수는 외상후스트레스장애PTSD를 경험한다. 학교폭력 가해 행위를 철 없는 시절에 하는 장난이라고 포장하기에는 피해자에게 결코 일시적인 문제가 아닌 것이다.

학교폭력은 코르티솔 분비량뿐 아니라 DNA 메틸화에

도 영향을 준다. DNA 메틸화는 유전자 형질 발현을 조절하는 신체의 화학적 변형과정으로 신경정신병학적 장애를 예측하는 주요 요인이다. DNA 말단은 완전히 복제하기가 어려운데 텔로미어Telomere는 염색체 말단을 안정화시키고 생체 내에서 완전한 복제를 가능하게 한다. 이런 텔로미어는 분열할 때마다 그 길이가 점차 짧아진다. 흡연, 비만, 질병, 노화는 텔로미어가 짧아질 때 나타나는 현상인데, 텔로미어의 길이는 특히 심리적 스트레스 그리고 사망률과도 연관이 있다. 최근 한 종단연구에 따르면, 학교폭력 피해자의 텔로미어 길이가 평균보다 더 짧았다. 이는 학교폭력을 경험하는 것이 장기간에 걸쳐 개인의 수명과 건강에도 심각한 악영향을 미침을 보여주는 것이다.

어릴 때 경험한 폭력은 몸과 마음이 동시에 증명해주고 있을 정도로 끔찍한 피해이다. 너무나 떨쳐내기 어려운 고통인 것이다. 수십 년이 지난 지금에 와서 왜 그 옛날 이야기를 언급하느냐고 도리어 피해자를 질책하기도 한다. 그러나 피해자는 그 시간을 결코 잊지 못하고 그대로 가지고 살아가고 있었다. 바로 뇌가 증명해주고 있다. 지금이라도 이를 밝혀서 지나간 시간에 대해 보상받고 싶은 마음이 드는 것은 당연하다. 지워지지 않는 상처는 진정 어린 사과를 통해서만 치유되고 비로소 아물 수 있다.

피해자들의 목소리를 절대 간과해서는 안 될 것이다. 또한 지금 내가 무심코 한 행동이 그 누군가에게 잊혀지지 않을 상처를 주고 있는 것은 아닌지, 늘 스스로를 경계해야 한다.

° 달콤한 선악과, 음모론

인터넷 사회, 정보 홍수의 시대다. 가짜뉴스와 음모론 게다가 인포데믹 현상이 급증하고 있다. 특히 코로나19 현상으로 인한 인포데믹 현상은 백신 접종 문제와 관련해서도 우리를 불안하게 했다.

인간에게는 정보추구욕구가 있다. 정보를 찾고 거기서 지식을 얻으려는 기본적인 욕구이다. 그리고 이를 누군가에게 알려주고 싶은 마음도 있다. 내가 아는 것들, 내가 아는 비밀들을 혼자만 간직하고 있는 것을 잘 견디지 못한다.

그래서 누군가에게 자신이 알고 있는 것을 알려주려고 한다. 바로 이런 욕구에 힘입어 인류가 발전한 것인지도 모른다. 그런데 이런 욕구들이 현대사회에서는 단순한 지식 전달을 넘어서 불필요한 정의 남발, 허위나 조작, 음모론 등으로 너무 쉽게 연결되어 오히려 우리를 혼란스럽고 피로하게 만드는 게 아닌가 생각된다.

많은 이들의 안타까움을 자아낸 한강 의대생 사건의 경우, 오랜 기간에 걸쳐 여러 매체를 통해 사건이 다각도로 보도되었다. 그래서 관련 정보에 너무 많이 노출되었던 사람들이 진짜와 가짜를 구분하지 못하고 각종 풍문을 서로 공유했다. 또한 착하고 반듯하게 성장한 젊은이의 황망하고 안타까운 죽음이라는 사건의 성격상 사람들이 감정적으로 반응하기 쉬웠기 때문에 이 또한 사실 판단에 영향을 미치기도 했다.

분명한 것은 이 사건과 관련한 정보 중에는 사실 여부가 밝혀지지 않은 가짜뉴스도 더러 섞여 있었다는 점이다. 이런 불분명한 가짜뉴스로 사랑하는 아들을 잃은 유족은 물론 주변 사람들이 입게 된 상처는 분명 우려할 만한 일이다. 심지어는 정치적 음모론까지 더해져서 상황을 지켜보고 있는 여러 사람들에게 많은 피로감을 남겼다.

인간은 어떤 사건이 일어날 때 마치 연구에 매진하는 과학자처럼 그 원인을 찾고자 하는 심리를 가지고 있다. 왜 그런 일이 일어났을까 하고 나름 탐정과 같이 원인이나 배후를 따져 분석하려 한다. 그럼에도 명백한 원인이나 설명이 밝혀지지 않는다면, 이를 빨리 종결시키고 싶어한다. 바로 '인지 종결 욕구Need for Cognitive Closure'다. 인지 종결 욕구는 종종 음모론적 믿음으로 이어지고 소문과 허위정보, 가짜뉴스들이 판을 치는 계기가 된다.

그래서 그 어떤 사건이 일어나면 그 배후에는 분명 뭔가 원인이 있을 것이라고 믿는다. 큰 사건에는 아주 큰 원인이, 미미한 사건에는 미미한 원인이 있다고 생각하는 것이다. 이런 음모론Conspiracy Theory은 불확실하고 모순적인 일이 일어났을 때 자신의 믿음을 유지할 수 있는 설명을 제공하기도 한다. 불확실함이 클수록 음모론에 대한 믿음 또한 더 커진다. 그리고 아무런 관련성이 없는 무작위성 속에서 나름대로의 규칙을 찾아내거나 원인을 찾고자 하는 성향이 있는 사람일수록 음모론을 더욱 믿게 된다. 이건 우발적으로 일어난 것이 아니라 분명 뭔가 배후에 음모가 깔려 있다는 의심을 하기에 가짜뉴스나 허위보도에 빠져들기 쉬운 것이다.

패턴을 찾아내려는 사람, 끊임없이 자기 주변에서 규칙이나 의미를 찾는 사람일수록 음모론에 대한 믿음이 크다. 그뿐 아니라 복잡한 인과적 현상을 잘 알아챈다며 자신의 이해능력을 과대평가하는 사람일수록 음모론에 쉽게 설득된다. 그런데 이런 사람들은 분석적 추론이나 합리적 추론 능력은 도리어 낮은 편이다. 또한 정확성이나 의미를 찾으려 하지만 인지적 사고나 경험이 부족하기 때문에 합리적인 방법으로 정확성이나 의미를 찾지 못하고 음모론에 이끌리는 것이다.

특히나 자신의 통제력이나 주체성이 약하고 결핍되었다고 느낀다면 음모론을 믿음으로써 자신이 뭔가를 통제

하고 있다고 느끼고 싶어할 수도 있다. 음모라는 것 자체가 본래 소수만 알고 있는 내용이기 때문이다. 다른 사람들은 모르지만 나는 알고 있다고 믿는 정보를 다른 이들에게 전달하면서 자신이 무언가 힘이 있다는 생각하는 것이다. 이로 인해 결국 자신의 일상에서는 결핍된 통제력을 느낀다. 이에 더하여 남들은 모르는 귀중하고 중요한 정보를 자신이 가지고 있다는 자존감이 높아져서 자기의 존재감에 대해 긍정적인 기분마저 가질 수 있다. 자신의 존재론적 욕구가 위협받는 상황에서 그에 대한 보상으로 그 어떤 이슈가 생기면 계속 그 배후에 대해 이야기를 만들어 내면서 음모론에 빠지기 쉬워진다.

한강 의대생 사건과 코로나19 백신, 그리고 선거철이 되면 우리 주변에서 끊이지 않는 음모론, 이제는 경계해야 한다. 이런 거짓 정보들이나 소문은 아무런 도움이 되지 못하고 우리 사회를 불안하게 만들기만 한다. 범죄 사건의 수사는 어쨌든 담당 수사관이나 경찰관의 몫이고, 그들이 자기 도리를 다해 책임지고 분석해서 결론을 내리면 된다.

정치에 있어서도 마찬가지다. 내 뜻대로 되지 않았다고, 내가 지지한 정당이 패배했다고 해서 무조건적인 피해의식은 가지지 말아야 한다. 음모가 있다고 생각할수록 사안은 복잡해지고 누구에게도 이득이 되지 않는다. 뿐만 아니라 사회는 더욱 불확실하고 불안한 혼돈으로 빠질 뿐이다.

인간은 합리적인 설명을 추구한다. 그러나 진정한 과학자가 아닌 사이비 심리가 작동하지 않게 스스로를 의심하고 돌아볼 줄 아는 능력도 키워야 할 것이다. 불안한 마음에 그 누군가를 의심하고 모든 책임을 전가하고 인지적 모호성을 빨리 종결하려는 욕구를 좀더 제어할 필요가 있다.

우리의 출발선은 정말 같을까

 LH(한국토지주택공사) 직원들의 땅 투기 의혹으로 전 국민이 분노한 일이 있었다. 내부 정보를 이용해 개발예정지의 땅을 사고 이익을 취하는 것은 공정성이 무너졌다는 증거였기 때문이다. LH 사태는 취업은 어렵고, 취직이 돼도 마구 오르는 집값 탓에 직장만 다녀서는 내집 마련이 어렵다는 절박함을 느끼는 2030세대의 분노에 불을 지폈다.

 2030세대가 기성세대의 공정성을 본격적으로 지적한 것은 2014년 무렵 '수저 계급론'부터다. 청년들은 '금수저'

'흙수저' 같이 집안 배경에 의해 성공이 좌우된다면서, 열심히 해서 성공하는 공정함이 우리 사회에 이미 사라지고 있다는 점을 개탄했다. 이어 '부모 찬스'로 인한 비리, 금융권 채용비리, 인천국제공항공사 사태 등을 겪으면서 무너지는 사회 공정성에 좌절할 수밖에 없었다. 그들에게 LH 사태는 또 하나의 권력 갑질이었던 것이다.

사람들은 이 세상이 공평하고 공정하다고 믿고 싶어하는 근본적 욕구가 있다. 공정한 세상에 대한 믿음은 사람들로 하여금 질서를 지키며 살아갈 의지를 갖게 한다. 개인의 신체적·심리적 안녕감과 행복감도 향상시켜 준다. 불공정은 사람들에게 고통스럽기에 가능한 한 피하려고 한다. 손해를 보더라도 다른 사람과 비교해서 공정하지 않은 것은 피하고 싶은 심리를 보여주는 사례가 독일 경제학자 베르너 귀트Werner Güth의 '최후통첩게임'이다. 이후 심리학자 대니얼 카너먼Daniel Kahneman에 의해 '독재자 게임'으로도 잘 알려진 실험이다.

두 사람이 팀을 이뤄 게임을 하는데 한 사람이 분배에

대한 권한을 갖고 있을 때 상대의 반응을 관찰한 것이다. 모든 권한을 가진 한 사람의 마음대로 분배를 하는데, 이것을 거부하면 둘 다 이득을 얻을 수 없다. 동일한 상황에서 분배가 적어진다고 하더라도 이를 따르면 조금이라도 이득을 얻을 수 있다. 그럼에도 대부분이 자신에게 자원이 적게 배분되면 이를 거부했다. 불공평에 대해 자신이 손해를 보더라도 이를 거부하면서 불공정 해소를 위해 기꺼이 그 값을 지불한 것이다.

공정성에는 분배에 대한 것과 절차에 대한 것이 있다. 분배공정성이란 개인에게 주어지는 자원의 양에 대한 공평성을 말한다. 자신의 기여도, 노력, 자격에 상응하는 보상이 주어지지 않았다고 인식할 때 강한 분배 불공정성을 느끼게 된다.

절차공정성은 자원 분배 절차에서의 공평성을 의미한다. 분배 결과가 아니라 자원을 어떻게 분배하는가에 대한 의사결정 과정을 고려하는 것이다. 자원 분배 결과 자체는 공정하지만 그 절차는 그렇지 않았다고 인식할 수 있다. 기회의 평등, 정보의 투명성, 편견에 의한 판단 여부, 정당한 의사결정 여부 등에 관한 공정이다. 결과가 만족스럽다고 하더라도 그 과정과 절차가 공정하지 못하다면 사람들은 그 결과를 받아들이지 않을 수도 있는 것이다.

과거 인천국제공항공사 사태에서 취업준비생들은 해당 사태에 대한 분배적 불공평성과 절차적 불공평성을 모두 제기했다. 결과에 상관없이 정해진 절차, 과정, 체계에 공평성이 지켜지지 않았다는 주장이었다. 분배적 공정성에도 문제가 있어서 일부 비정규직 종사자는 그들이 투자한 노력에 비해 정규직 전환이라는, 과분한 결과를 얻은 반면 정규직을 지원한 사람들은 그들이 투자한 시간과 노력에 비해 정규직 탈락이라는 결과가 억울하기 때문이다.

최근 연구에 의하면 두 가지 공정성은 서로 다른 뇌 부위와 관련된다. 최후통첩게임 상황에서 뇌 활동을 촬영하면 사람들은 불공정을 지각하면 분노와 스트레스를 느낀다. 단 분배공정성의 경우 정서와 관련된 뇌 부위가 더 활성화됐다. 사회적 판단보다는 분노와 같은 정서반응이 더 중요함을 보여준다. 그러나 절차공정성을 느낄 때는 사회적 상황을 판단하는 뇌 부위가 활성화됐다. 절차공정성의 경우 감정적 대처보다 좀 더 사회적 상황에 대한 판단이 중요함을 시사한다.

결국 분배 절차를 더 투명하게 할 때 사람들은 이를 이해하고 장기적으로 분노와 같은 부정적 감정을 잠재울 수 있을 것이다. 우리 사회의 불공정성 확산에 대한 걱정이 큰 요즘, 그 해결책에 대한 생각도 많아진다.

우리가 올인all-in하는 이유

2021년 10월 미국 증권거래위원회SEC가 비트코인 상장지수펀드ETF를 승인했다. 한동안 잠잠하던 비트코인 가격은 마치 기다렸다는 듯 또 다시 천정부지로 치솟았다. 이번에야말로 1억을 넘는 것인가, 개미들의 마음이 요동쳤다. 불과 몇 달 전에는 또 다시 추락을 거듭하던 비트코인이었다. 비트코인을 비롯한 가상화폐는 부동산이나 주식보다 훨씬 변동성이 큰 투자 자산이다. 잘 되면 다른 것보다 훨씬 높은 수익률을 기대할 수 있지만, 반대로 손해가 날 때는 더 큰 손실폭을 각오해야 한다는 뜻이다. 그런데 투자자라면 누구나 손해를 볼 것을 두려워하면서도, 큰 수익에 대한 기대 역시 놓지 못한다.

2019년에도 비슷한 일이 있었다. 해외 금리 연계 파생결합증권DLS과 파생결합펀드DLF가 금리 하락으로 손실구간에 진입하면서 투자자들의 예상 손실이 눈덩이처럼 불어난 것이다. 연 4% 정도의 이자를 기대하고 투자했다가 원금 대부분을 날리게 됐으니 청천벽력이 따로 없었다. 사실 이런 상품들에는 인간의 비합리성을 파고들어 투자자를 유혹하는 많은 요소가 내재돼 있다.

DLS는 주가연계증권ELS과 마찬가지로, 적은 액수이기는 하지만 이익을 얻을 확률은 매우 높은 반면 손실 확률은 매우 낮다. 그러나 그 한 번의 손실이 엄청나게 큰 게 특징이다. 예를 들어 연리 4%의 이익을 얻을 수 있는 확률은 90%인데 원금 손실이 날 확률은 10% 정도로 낮다. 그러나 손실이 나면 최악의 경우 투자 원금 전부를 잃을 수도 있다. 투자자로서는 아주 작은 '꼬리위험Tail Risk'을 감수하는 대신 시장 이자율보다 좀 더 높은 이자를 기대할 수 있는 것이다.

인간은 본래 이러한 꼬리위험을 과대평가하는 경향이 있다. 예를 들어 발생 확률이 매우 낮음에도 홍수 보험을 든다거나, 당첨 확률이 극도로 낮은 복권을 사는 이유는 이런 과대평가 성향 때문이다. 확률은 낮지만 손실은 피하고 싶고, 이익이 엄청난 것이라면 확률이 낮아도 투자하려 한다. 낮은 확률을 과대평가하는 심리다. 그런데 최근 독일 막스플랑크 연구소의 심리학자 랄프 헤르트비히Ralph Hertwig의 실험은 이와 상반된 결과를 보여준다. 즉 인간은 꼬리위험을 과소평가하기도 한다는 것이다. '가용성 휴리스틱Availability Heuristic' 때문이다.

인간은 의사결정을 할 때 모든 확률을 다 계산해 현명하게 판단하는 것이 아니라 자신이 얻을 수 있는 정보만으로 어림짐작한다. 금융의 파생결합상품의 유혹이 바로 그렇다. 첫째, 대부분 투자자는 처음 이들 상품을 구매할 때 상품의 복잡한 구조를 이해하기 힘들어 한다. 그래서 이를

판매하는 프라이빗뱅커PB들이 주는 정보에 의존해 손실 확률을 추정할 수밖에 없다. 따라서 이들이 제시하는 대로 손실이 일어날 확률을 실제보다 과소 추정하게 된다.

둘째, 처음 투자해 적더라도 이익을 보면 재투자하고 싶어진다. 이 이익이 신뢰할 수 있는 정보가 되어 상품에 대한 신뢰도가 높아지는 것이다. 이익을 경험하면서 사전에 갖고 있던 확률값을 무시하는 '기저율 무시Neglect of Base Rate' 현상이 더해지면서 꼬리위험을 더 과소평가한다. 극단적으로는 한 번 투자하면 손실을 볼 때까지 벗어날 수 없는 '중독의 덫'에 걸릴 수 있다.

그래서 DLS는 개인투자자 같은 비전문 투자자에게는 부적합한 상품이다. 그러니 향후 분쟁 조정이나 소송을 통해 배상하게 될 경우 반복 투자자의 배상비율을 낮추는 문제는 신중해야 한다. 반복 투자를 통해 상품에 대한 이해도가 높아지는 게 아니라 손실확률을 더 과소평가해 판단이 흐려질 소지가 높기 때문이다. 역설적으로 반복 투자자들이 더 큰 피해자일 수도 있다.

그렇다면 이런 상품을 은행과 같은 금융기관이 판매하는 게 과연 옳은 일일까? 파생결합상품은 은행과 증권사에서 판매한다. 은행의 주 고객은 예금자다. 증권 고객에 비해 은행 고객은 대부분 위험회피 성향이 높고, 구매 시 비교하는 준거상품에도 차이가 있다. 예를 들어 증권사 고객은 파생결합상품을 주식이나 옵션 같은 파생상품과 비교하는 데 반해 은행 고객은 예금과 비교한다. 게다가 상품의 구조 자체도 얼핏 들으면 예금과 매우 비슷하다. 그렇다 보니 은행 이자를 기준으로 더 이득을 기대하는 판단을 하게 된다. 기준점을 정하고 거기서 조정해서 판단하는 인간이 지닌 '기준점과 조정 휴리스틱Anchoring and Adjustment Effect'이 발현되면서 결국 이 상품의 유혹에 빠지게 된다. 이런 상품을 은행에서 판매하는 것은 부적절하다는 주장의 근거다.

휴리스틱스 이론에 비춰보면 인간은 절대로 이성적이지도, 합리적이지도 않다. DLS나 가상화폐는 지나치게 매력적이고 너무나 유혹적이다. 정부는 그런 유혹에 약할 수밖에 없는 개인투자자를 적극적으로 보호하는 게 맞지 않을까? 인간으로서 투자자들의 이런 심리적 한계를 고려해 보다 정밀한 보호와 규제가 필요하다.

벼락거지가 되지 않기 위한 그들의 발버둥

몇 년 전 〈흔들리는 20대: 청년심리학〉 수업 시간에 학생들에게 매 학기 하는 질문을 했다. 무엇이 제일 고민이고 불안한지에 관한 질문이었다. 늘 나오던 답들이 또 나왔다. 대인관계에 서툴러서, 연애를 잘 못해서, 자신의 성격이 이상하다거나 너무 게으른 '귀차니스트'여서 고민이라는 것이었다. 이런 걱정에 더해 진로와 취업이 불안하다는 고민으로 옮겨간다. 그런데 그날은 한 학생이 너무나 심각한 표정으로 손을 들더니 "집을 못 살 것 같아서 불안해요."라고 했다. 강의실은 웃음바다가 됐다. 아직 대학생인데 벌써부터 집 살 것을 걱정하다니…. 강의를 듣던 200여 명의 학생들이 웃고 넘어간 하나의 해프닝이었다. 몇 년이 지난 지금, 이 고민은 웃음을 자아내는 한 학생의 엉뚱함을 넘어서 청년들을 불안하게 만드는 심각한 문제가 됐다. 어쩌면 그때 그 학생은 이런 미래의 고민을 일찍이 예견했던 것은 아닌가 싶다.

취직, 연애, 결혼 등 모든 것을 포기한다고 해서 한동안 'N포세대'로 불렸던 젊은층의 반란이 일어났다. 더 이상 포기하고 주저앉아 있을 것이 아니라 어떻게든 살아남기 위해 경제적 자산을 불리는 것에 눈을 돌리기 시작한 것이다. 2030세대가 이번에 올라타지 않으면 영원한 낙오자가 된다는 절박함으로 '영끌'과 '빚투'에 뛰어들고 있다.

청년 세대는 코로나19 팬데믹 이전부터 취업난과 저성장, 저금리로 인해 여러 경제적 어려움을 겪어왔다. 이와중에 코로나19로 인한 주식시장 폭락은 2030세대에게는 일생일대의 기회로 다가왔다. 불안한 2030세대는 적은 월

급으로는 올리지 못하는 고수익을 좇아 주식에 발을 내디디게 된 것이다. 한국금융투자협회에 따르면 2020년 1분기 2030세대의 주식계좌는 전년 동기보다 50% 이상 늘었다고 한다. 이런 현상은 전 세계적 경향이기도 하다. 영국 밀레니엄 세대도 주식 투자에 뛰어들어 작년 2분기 25~34세의 신규 계정·계좌 생성이 전년과 비교해 250% 증가했다고 한다. 이는 다른 중년·고령 연령대보다 훨씬 더 높은 비율이다.

청년층은 소득은 적지만 원하는 소비 수준은 높아서 그 틈을 메우고 싶어 한다. 돈을 갚는 것은 미래의 자신이 해낼 수 있을 거라고 생각하기에 채무 비율도 높다. 투자에도 이런 과도한 자신감이 작용할 수 있다. 주식거래를 할 때 과한 자신감은 실제 현실적 추론과는 관계없이 긍정적 측면만을 생각하게 하기 쉽다. 경제 활동을 하는 청년들은 자신의 경제적 지식이 풍부하다고 생각하며 자산을 잘 관리할 수 있다고 믿기 때문에 자신이 직면한 상황을 객관적으로 보기 어렵고, 실제 상황보다 더 긍정적인 면을 부풀

려서 본다. 결국, 경제적 의사결정을 할 때 과도한 자신감과 지나치게 낙관적인 태도를 보일 수밖에 없다. 이러한 마음이 대출 혹은 지인에게 돈을 빌리는 채무 행위와도 연결돼 '우발적' 대출을 증가시킨다.

이에 더해 경제적 불안감이 투자하는 데 또 하나의 요소로 작용한다. 한 연구에서는 개인의 경제적 상황 그 자체가 아니라 그 사람이 느끼는 심리적 상황, 즉 '경제적 안정감'이 중요하다고 지적한다. 경제적 불안정을 느낄 때 욕구불만이 생기고 이는 자기통제력을 약화시킨다. 자기통제력이 낮으면 경제적으로 위험 부담이 큰 행동을 할 가능성이 높아진다. 경제적 불안감이 높을수록 도박을 시도하는 빈도가 높아지고 당연히 그에 따라 실패해서 돈을 잃을 확률도 커졌으며 탈세, 부채 상환 회피, 횡령 같은 부정행위를 할 확률도 더 높아졌다.

금수저가 아니면 성공할 수 없다는 좌절감, 부모 찬스가 없는 흙수저는 취업도 어렵고 평생 월급을 모아도 집 한 채 장만하기 어렵다는 불안감이 청년들을 벼랑 끝으로

몰아가고 있다. 과감한 투자, 투기에 가까운 위험 행동을 하지 않으면 또 한 번 낙오자가 될 것 같아 청년층은 마지막 발버둥을 치고 있는 것이 아닌가 싶다.

  물론 현명한 투자는 바람직한 경제 활동이다. 금리가 낮은 상황에서 예·적금 외에 다른 선택지를 모색하는 것은 합리적이기도 하다. 그러나 과도한 자신감이 더해진 영끌 투자는 청년 투자자들의 마음을 조급하게 해 자칫 한탕주의로 이어질 수 있다. 그로 인해 또 다른 좌절과 고통이 오는 것은 아닌지 걱정스러운 것은 괜한 노파심일까.

4장

갈등은 어디에나 있다

◦ 2030 vs. 586
: 우리는 왜 대립하는가

"당신들이 나를 갈기갈기 찢고 있어요.You're tearing me apart."

1950년대 반항의 아이콘 제임스 딘James Dean이 주연한 영화 〈이유 없는 반항Rebel without a Cause〉에서 그가 부모를 향해 쏟아낸 절규다. 동서고금을 막론하고 기성세대인 부모에게 자식의 이런 반항은 언제나 이해하기 어려웠다. 영화 제목처럼 이유가 없어 보이기 때문이다.

조국 전 법무부 장관이 후보자이던 시절, 그와 그의 가족에 대한 여러 의혹이 퍼져 나오면서 2030 세대의 분노가 온라인부터 대학가의 오프라인 집회로 확대되었다. 찻잔 속 태풍으로 치부하기엔 화력이 제법 매서웠다. 2030의 분노에 대한 조 후보자의 태도나 586 운동권 세대인 진보 진영의 반응 역시, 발화한 분노에 기름을 끼얹었다.

군부독재의 골리앗을 무너뜨린 586 세대의 눈에 2030의 분노엔 그 이유가 없어 보였을 수 있다. 그런데 40년 전 자신들과 마찬가지로, 젊은이의 분노에는 항상 이유가 있다. 그것도 정당한 이유가. 지금의 2030 세대는 박근혜 정권 당시 국정농단 사태 때도 촛불을 들고 똑같이 분노했었다. 586이 생각하는 것처럼 '그때는 맞고 지금은 틀리다'라고 보기 힘든 것이다.

그런데 2030의 분노는 수십 년 전 과거와는 그 양상이 다르다. 집단 분노의 응집이 소위 '운동권'으로 지칭되는 중심 세력core에 의해 주도된 것이 아니라, 중심세력 밖의 비운동권satelite에서 자생적으로 이뤄졌다는 점이다. 이러한 변화는 'y세대와 z세대'라 불리는 30대와 20대들의 심리적인 특성에서 찾을 수 있다.

2030의 대인관계는 온라인과 오프라인에서 각각 다른 양상을 보인다. 오프라인상에서는 다자간multilateral이나 양자간bilateral 교류가 아닌 혼술·혼밥으로 대변되는 혼자unilateral만의 문화에 익숙해 있다. 일명 '살코기 세대'라는 말이 있을만큼 흰 지방 덩어리처럼 쓸데 없는 관계는 굳이 만들거나 유지하지 않고 필요한 인간관계에만 집중하는 것이다.

반면 온라인에서는 '구심형 네트워크Centripetal Network'를 통한 다각적 교류를 적극적으로 활용한다. 일각에서 이들을 '자기중심적이고 사회 공동체에 관심이 없다'고 비판하지만, 이들은 과거 세대에 비해 '가치관이 뚜렷하고 그런 만큼 자기주장이 분명하며 합리적'이다. 586 세대가 '공리성'을 최우선의 가치로 여기는 반면 2030 세대는 '개인적 가치'를 더 우선시한다.

여기서 두 세대 간의 결이 어긋난다. 586 세대는 공동의 가치를 우선시하다 보니 담론이 추상적이고 거대하다. 그런 만큼 보다 교조주의적이고 상의하달식 진영논리 문화에 함몰돼 자칫 공리의 실사구시라는 면에서 취약성을 보일 수 있다. 반면 2030은 '개인주의적 합리주의'에 그 뿌리를 둔다. 개인적 가치를 우선하는 것처럼 보이지만, 스스로를 독립적 개인이라기 보다는 공동체 구성원으로서의 개인으로 인식한다. 따라서 자신의 가치뿐 아니라 타인의 가치도 같은 선상에서 존중하는 것이다.

또한 세상을 바라보는 관점도 '고전물리학'보다는 '양자역학'에 가깝다. 물질 전체에 집중하기보다는 입자에 집중한다. 따라서 다양한 '입자'의 의견을 용인하고 사회적 공리도 '자기중심적 공리주의'로 승화한다. 그러니 실용적이며 강건하다. 사회적인 여론을 형성할 때도 '누군가'에 의해 주도되기보다는 '모두가 누군가'인 아테네식 담론에 익숙하다. 그러다 보니 상대적으로 응집력이 떨어지고 진영논리가 자리할 공간은 협소해진다.

독일의 물리학자 막스 플랑크Max Planck가 "과학의 발전은 장례식 숫자에 비례한다."라고 말한 것처럼, 시대의 가치관은 반대 진영을 설득해 변천하는 것이 아니다. 기존의 가치관이 무대에서 퇴장하고 새로운 가치관이 이를 대체하면서 역사는 한 발자국 진전하는 것이다. 제임스 딘이 나약한 아버지의 모습에 반항해 떠난 것처럼, 여자 주인공 나탈리 우드Natalie Wood가 훈계만 하는 아버지에 반항해 떠난 여정처럼.

어쩌면 시대정신은 586의 공과를 역사에 넘기고 2030에서 새로운 대안을 찾는 여정을 시작했는지도 모르겠다.

˚ 다른 세대와
 살아가기

세대 갈등은 단순히 나이의 차이만을 반영하는 것은 아니다. '세대世代'를 '같은 시대에 살면서 공통의 의식을 가지는 비슷한 연령층의 사람 전체'라고 설명하는 표준국어대사전의 뜻풀이에서도 유추해 볼 수 있듯이 세대란 나이가 비슷한 사람들이 공유하는 모든 기억에 기반한다. 각 세대가 공유하고 있는 정치적·경제적·사회적 사건, 유행했던 영화나 음악 등의 문화가 그 세대의 독특한 전통과 가치관을 만들어낸다. 따라서 세대가 다르다는 것은 당연히 이런 총체적인 문화와 역사가 다르다는 것을 의미하고, 그래서 세대 간의 갈등이란 어찌보면 불가피하다. 이 때문일까? 시대를 막론하고 세대 차이와 갈등은 언제나 존재해 왔다.

청년세대와 기성세대의 격차가 최근 점차적 넓어지는 것은 세계적인 추세다. 최근 발달심리학적 관점에서 이런 20~30대 초반의 젊은층을 지칭하는 새로운 용어인 이머징 어덜트후드가 이를 반영한다. 20~30대는 성인으로서의 경제적, 심리적 독립이 아직 덜 된 상태이며 여전히 자신의 직업 탐색을 하고 있는 시기이고, 자아정체감을 확립해 가는 시기로서 기존 성인기와는 다르다. '성인기'라고 뭉뚱그리기에는 그 안에서도 기성세대와 청년세대 간의 구분이 있고, 각자의 고민과 과제도 다르다는 것이다.

청년세대와 기성세대 사이 격차의 가장 주요한 요인은 서로를 바라보는 시각에 양가적 감정intergeneration ambivalence(세대 간의 양가감정)이 존재한다는 것이다. 청년세대에는 부모세대에게 '의존하고 싶은 마음'과 그들로부터 '독립하고 싶은 마음'을 양가적으로 갖는다. 기성세대인 부모 역시 청년세대가 알아서 독립하길 원하면서도 한편으로 그들이 아직 어리고 미숙해 돌보고 싶다는 양가적 생각을 가지고 있다. 서로에 대한 이런 양가적 시각이 결국은 세대 간 갈등의 근원이 될 수 있다. 특히 기성세대는 흔히 '우리 때도 늘 그렇게 힘들었다' 혹은 '요즘 젊은이들은 참을성이 없다'고 청년세대를 과소평가하며 청년세대의 고통을 묵인하기도 한다.

현재 우리 사회의 세대 갈등이 더욱 심각하게 여겨지는 것은 단순한 가치관이나 문화 역사의 차이뿐 아니라 경제적 문제가 결합되어 있기 때문이기도 하다. 청년세대는 청년 실업이라는 심각한 사회적 문제에 온몸으로 부딪치고 있다. 취직도 하기 전부터 부채로 남아 있는 학자금, 과도한 결혼 비용, 만연한 물질주의로 대표되는 현 사회에서는 단지 일상을 영위하는 것도 충분히 힘겹고 고통스럽다. 기성세대 또한 심각한 경제적 문제에서 예외는 아니다. 자녀 양육에 드는 비용은 비용대로 부담하고 아직 연로한 부모도 봉양해야 하므로 정작 본인의 노후 대책은 세울 수 없는 샌드위치 세대로서의 고민을 가지고 있다.

청년세대의 경제적인 문제는 비단 우리나라에만 국한된 것이 아니다. 미국의 '빈털터리 세대', 이탈리아의 '1000유로 세대', 일본의 '비참 세대', 한국의 '88만원 세대' 등은 가난한 청년세대의 문제를 보여주는 용어들이다. 독일의 경우 2003년 8월 독일 기민당 청년조직의 필립 미스펠더Philipp Mißfelder 의장이 "왜 85세 노인의 무릎 관절 수술비까지 젊은이가 대납하란 말인가? 예전의 노인들은 지팡이를 짚고도 잘 다녔다."라며 일하는 세대가 은퇴한 세대를 책임지는 묵시적 사회계약에 대해 공식적인 파기를 선언했다. 이는 독일에서 큰 사회적 파장을 불러일으키며 노인층과의 갈등을 증폭시키는 계기가 되었다고 한다. 이와 같은 청년들의 세계적인 경제난은 현재 우리나라 젊은 세대에게도 그대로 일어나고 있으며 세대 갈등에도 영향을 미치고 있다.

우리나라의 역사를 돌아보며, 젊은 세대들은 혜택

advantage의 세대이고 기성세대는 역경adversity의 세대라고 표현하기도 한다. 경제발전을 이루기 위해서 어렵게 생활해 온 기성세대에 비해 젊은이들은 비교적 어릴 때부터 경제 문화적 혜택을 받은 세대라는 것이다. 따라서 이들은 더욱 물질주의적이다. 또 인터넷 등으로 인해서 국가 안에 국한된 협소한 정보를 넘어서 세계 각국의 광범위한 정보를 접할 수 있다. 이로 인해 이전 세대와 비교할 때, 희망은 더욱 거대해지고 스스로 좋은 직장을 가지고 누리고 싶어 한다. 그래서 과거에 비해 희망 연봉의 수준은 높고 중소기업보다는 대기업을 선호하며 최상의 직업을 꿈꾸는 것이다.

물론 현실적 자기에서 이상적 자기로 변화하고자 하는 욕구는 인간에게 성공의 원동력이다. 그러나 이상과 현실 사이의 괴리감이 커질수록 우울과 무기력은 피할 수 없다. 이를 메꾸어 줄 수 있는 물질적인 자원이 요구된다. 이상적으로 내가 갖고 싶어 하는 직장과 현실적으로 내가 가질 수 있는 직장의 괴리, 내가 쓰고 싶은 물질적인 자원과 현실적인 자원의 괴리, 되고 싶은 나의 모습과 현실의 내 모습의 괴리는 청년세대의 고민이다.

그래서 그들은 취업을 하기보다 스펙을 쌓는데 더 주력하고 있으며 역설적이게도 결국 청년실업은 늘어나고 있다. 이는 기성세대의 눈에는 사치스러운 고민일 뿐이다. 결국 두 세대 모두의 상호 이해 부족은 서로에 대한 불만, 더 나아가 세대 간 소통의 단절마저도 야기할 위험이 있다.

세대 갈등, 그것은 갈등이라기 보다 어느 시대에든 늘 존재해 왔던 격차이다. 그 격차는 서로 노력해서 완화시켜 나가야 한다. 특히나 우리 사회의 청년들은 결코 약하거나 주변 세대가 아니다. 이들이 사회에 끼치는 힘은 점차 강해지고 있으며 정치 영역에서도 점차 중심 세력으로 부상하고 있다. 그렇다고 이들이 기성세대를 위협한다고 여겨서는 안 된다. 서로 자신들의 위치를 확인하고 서로에 대한 이해의 폭을 넓히는 현명함이 필요하다.

기성세대는 청년세대에 대한 이해의 눈, 즉 그 목소리에 귀를 기울이고 이들의 성장이 곧 나라의 성장임을 인식해야 한다. 더 나아가 세대 간 갈등을 부추기고 이용하려는 의도에 현명하게 대처해야 할 것이다.

이를 위해서는 서로 간의 이해와 소통할 기회가 계속 주어져야 한다. 함께 정치 및 경제 문제에 대해 서로 간 허심탄회하게 논의할 수 있는 장, 같이 어우러져 신명을 낼 수 있는 문화의 장을 만들어 가는 서로간의 노력만이 세대 간 소통, 세대간 조화를 만들어 낼 것이다.

"오늘부터 제 꿈은 퇴사입니다."

한때 20대 절반이 백수라는 '이태백' 용어가 유행했다. 청년백수 전성시대라는 '청백전'이란 말도 그렇게 유행하던 말 중 하나였다. 우리나라 청년실업률은 2006년 61만 명을 시작으로 꾸준히 증가했다. 최근에는 코로나19 팬데믹의 영향까지 더해 대학 졸업을 앞둔 20대뿐만 아니라 30대와 40대의 고용 불안도 심해지는 추세다. 2021년 10월에 한국경제연구원이 발표한 통계에 따르면 대학생 10명 중 7명이 당해에 구직을 단념한 것으로 조사됐다. '경제의 허리' 30~40대의 고용률은 OECD 38개국 중 30위다. 그런데 이러한 청년층의 구직난도 문제지만, 그렇게 바늘구멍과 같은 취업문을 뚫고 어렵게 들어간 직장에서 심한 스트레스를 받고 무기력감을 갖는 것 또한 큰 문제다.

직장인 10명 중 8명이 '번아웃'을 느낀다고 응답한 조사 결과를 살펴보면, 업무로 인해 완전히 탈진했냐는 질문에 20대 응답자 중 58.1%가 그렇다고 답했다. 27.4%였던 50대에 비해 2배가 넘는 수치이다. '아침에 일어나 출근할 생각만 하면 피곤을 느낀다'는 질문에도 20대는 74.3%가 '그렇다'고 했는데, 이 비율은 연령대가 높아질수록 점점 줄어들었다. 심지어 입사한 지 일주일 밖에 안 된 20대 여성이 직장 회식 중 자리를 빠져 나와 자살을 시도한 사례도 있다. 회사 직원들의 '술을 잘 마시지 못한다'는 핀잔을 견디지 못한 것이다. 이처럼 젊은이들이 소위 말하는 '사회생활'에 잘 적응하지 못하는 모습을 종종 볼 수 있다.

심리적으로 약한 세대이기 때문이라고 그들을 탓할 수도 있겠다. 그러나 20대가 한창 에너지가 넘쳐나는 시기라

는 점을 생각해 보자. 그런 젊은이들이 피로감과 의욕상실, 무력감을 겪는다는 것은 어찌보면 그들이 감당할 무게가 매우 심각함을 드러내는 것일 수 있다. 더욱이 번아웃은 개인의 문제를 넘어서 직원들의 업무 효율을 감소시켜 조직의 경쟁력에도 타격을 준다. 사회 전체적으로 봐도 결코 좋은 일이 아니다.

젊은이들이 직장생활을 어려워하는 것은 비단 한국만의 문제는 아니다. 미국의 경우 20대 직장인들 중 현재 직장에 만족하고 있다고 답한 비율이 10명 중 4명이 채 안 되었다. 호주의 경우도 Y세대, 즉 젊은 직장인들의 직장 만족도가 가장 낮았고 더 나은 환경을 위해 언제든 직장을 그만둘 수 있다는 반응이 대부분이었다.

이런 청년 직무 스트레스 해소를 위해 적극적으로 개입하는 나라도 있다. 영국에서는 정부가 민간 기관과 함께 직장인들의 직무 스트레스의 위험 요소를 진단하고, 이를 조절하기 위한 경영 기준을 제시하고 있다. 직원들에게 스트레스의 원인이 뭔지 스스로 인지적 재평가를 하게 하고 이완 및 운동, 명상 등 스트레스 대처법을 훈련시키는 것이다. 이런 개인적 수준을 넘어 회사 전체의 스트레스 원천을 감소시키기 위해 '건강한 회사'라는 개념으로 투자자와 직원, 정부 그리고 사회 모두의 필요와 수요의 균형을 관리하고 있다.

건강한 회사란 스트레스를 줄이는 것을 넘어서 직장인들이 적극적이고 능동적으로 회사를 변화시키고 관리하는 데 참여하도록 하는 직장이다. 이를 위해 고용주와 진솔한 대화를 통해 서로의 입장을 이해하게 하는 것이다. 심리적 스트레스로 인한 정신적 장애를 예방하기 위해 심리학자나 상담 전문가, 의사가 개입하는 근로자 지원 프로그램도 적극적으로 실시하고 있다. 그리고 고용주는 직장 스트레스로 이미 정신적 문제가 생긴 사람이 다시 직장에 복귀한 뒤 재적응까지 신경써야 한다.

결국 젊은 세대의 나약함만을 탓할 일은 아니라는 것이다. 이전 세대와는 전혀 다른 이들의 눈높이를 맞추는 것이 관건이다. 젊은 세대는 한창 일을 하면서 자신의 커리어도 쌓고 경제활동을 이끌어야 할 집단이다. 이들을 위해 직무 환경, 기업 문화가 변해야 한다. 이들을 위한 직장 문화를 확립하는 기업이 미래 세대의 인재를 확보할 것이다. 젊은이들이 즐겁게 사회 생활을 하는 모습을 바라본다.

함께 산다는 일의 어려움

 윗집 아이가 쿵쿵 뛰어다니는 소리, 청소기를 돌리는 소리, 아랫집 아주머니가 현관문 닫는 소리, 옆집 강아지가 컹컹 짖는 소리…. 모두 아파트에 살면 일상에서 자주 듣는 소음이다. 그런데 최근 이런 층간 소음을 둘러싼 갈등이 원만하게 해결되지 못하고 방화나 살인 등 극단적인 상황으로 치닫는 사건들이 잇달아 일어나고 있다. 순간적인 스트레스와 분노를 억누르지 못해 발생한 일들이다.
 이러한 사건이 연이어 일어나는 원인은 우리의 주거 환

경과도 무관하지 않다. 도시에서 생활하는 시민의 대부분이 천장과 바닥 그리고 벽을 공유하는 아파트나 다세대 주택에 살고 있다. 밀집된 환경인 것이다. 이런 환경은 인간이 지닌 공격성을 증폭시키는 효과를 가진다.

밀집된 환경에서 부정적인 정서가 극대화한다는 주장을 뒷받침하는 연구가 있다. 미국 펜실베이니아주의 한 기차역에서 이뤄진 실험 결과가 있다. 연구팀은 기차역에 사람이 적은 시간대와 같이 비非밀집 조건을 조성하고, 또 사람이 많은 시간대인 퇴근 시간에 밀집 조건을 조성한 다음, 각각의 조건에서 30분 동안 과제를 수행하도록 했다. 과제는 좌석을 찾거나 전화 부스에 비치된 전화번호부에서 전화번호를 찾는 등 단순한 일이었다. 그런 후 공격성과 불안, 슬픔, 애정, 의심 그리고 기쁨 등 다양한 정서를 측정했다. 그 결과 밀집 조건의 사람들이 비밀집 조건의 사람들보다 훨씬 더 많은 불안과 공격성을 느끼는 반면 애정은 더 적게 느끼는 것으로 나타났다.

독일 하이델베르크대학과 미국의 캘리포니아공대 등

여러 나라에서 모인 국제 공동 연구진이 2011년에 진행한 연구도 마찬가지다. 밀집된 환경인 도시에 사는 사람이 한적한 교외에 거주하는 사람보다 스트레스를 더 많이 받고 있었다. 이들은 독일의 도시에 사는 사람 50명과 교외에 사는 사람 50명의 뇌 활동을 관찰했다. 연구진은 이들에게 스트레스를 받도록 수학 문제를 풀게 한 뒤 기능적 자기공명영상장치fMRI로 뇌 사진을 촬영했다. 그 결과 도시에 사는 사람들의 뇌가 시골에 사는 사람들의 뇌보다 더 많이 활성화하는 것으로 나타났다.

특히 도시 사람들은 스트레스를 받을 때 감정이나 기분을 조절하는 뇌 부위인 편도체와 부정적인 자극 및 스트레스 조절에 관여하는 대상피질 부분의 활동이 활발해졌다. 도시 거주민들은 밀집과 주거환경으로 인해 이미 스트레스와 부정적 정서 수준이 더 높아져 있는 것이다. 피곤하거나 불안하면 별일 아닌 상황에도 분노로 반응할 가능성이 더 크다. 이런 상황에서 층간소음은 처음에는 그저 사소한 다툼으로 끝날 수 있는 일이다. 하지만 층간소음이 지속될 경우 당사자들의 공격성은 점차 증가한다. 특히나 우리는 스스로가 불이익을 당한다고 느낄 때 더 크게 분노한다. 층간소음의 경우, 자신만 일방적으로 피해를 당한다고 느끼기 쉬운 탓에 더욱 화가 나게 되는 것이다.

층간소음과 관련해서 강력 사건이 자꾸 발생하는 이유는 불만을 제대로 제기하지 못하거나 상황을 개선하기가 어렵기 때문이다. 전문적인 용어는 아니지만 '분노 증후군Anger Syndrome'이란 통상적으로 분노를 제대로 표현하지 못하거나 해결하지 못한 개인이 조그만 자극에도 참지 못하고 분노를 폭발시키는 것을 뜻한다. 심리학적으로는 '간헐적 폭발성 장애Intermittent Explosive Disorder, IED'와 가장 흡사하다고 평가한다. 이 증후군은 비교적 사소한 이유로 분노를 표출하면서 기물을 파손하거나 사람을 해치는 등 폭력적인 행동을 보이는 것이 특징이다. 우리가 흔히 아는 분노조절장애Anger Disorder의 한 변형으로도 볼 수 있으며 오랜 시간 해결하지 못한 화가 주된 원인으로 꼽힌다. 어떤 이유 때문에 화가 났든, 억누르기만 할 것이 아니라 적절한 때에 잘 푸는 기술도 익혀야 하는 것이다.

문제는 대부분의 층간소음이 누가 의도적으로 발생시키는 게 아니라 일상생활에서 불가피하다는 점이다. 소음으로 고통받는 사람들은 왜 나를 무시하느냐, 너무하다는 반응을 보이지만 소음을 일으키는 사람들은 그 정도 소리도 못 참아 주느냐, 너무한 것 아니냐고 대응하게 된다. 결국 양자 모두 상대가 자신을 배려하지 않는다는 생각에 자존심 싸움을 벌이게 되는 것이다.

미국의 심리학자 칼 크라이터Karl Kryter에 따르면 소음으로 인한 짜증과 분노는 소음을 일으키는 사람들이 나를 배려하지 않는다고 믿을수록 더 커진다고 한다. 그러나 이러한 분노는 소음을 유발하는 사람들이 조금이라도 소음을 줄이려고 실질적으로 노력하는 것, 그리고 상대를 배려하고 있다는 것을 인식시키면 극적으로 감소한다. 바로 배려와 관심의 힘이다. 숨 막히는 경쟁 사회 속 도시 생활은 우리가 쉽게 나만을 생각하고 나의 권리에만 주의를 기울이게 한다.

엘리베이터에서 마주치는 아래 위층의 이웃에게 가벼운 인사를 하는 작은 관심이 생활의 불가피한 소음도 다르게 들리게 할 수 있다. 바로 관심과 배려가 내 이웃의 분노를 가라앉힐 수 있는 것이다. 층간소음으로 인한 폭력은 우리 사회의 삭막함의 결과다. 조금 더 이웃을 배려하는 여유가 절실하다.

° 연인이라는
가면 속

 얼마 전 서울 마포구 데이트폭력 사망 사건의 첫 재판이 열렸다. 한 30대 남성이 자신과 말다툼을 하던 20대 여자친구를 잔혹하게 폭행해 결국 사망에 이르게 한 사건이었다. 모든 폭력 사건이 그렇지만, 데이트폭력 또는 가정폭력은 사회에 주는 충격이 심한 편이다. 한때나마 피해자와 아주 가까운 관계였던 사람이 가해자가 되어 피해자를 해치는 일이기 때문이다. 최근 일련의 사건들을 보면 그 폭력의 수준 역시 우려스러울 정도다. 데이트폭력은 '친밀한 파트너 폭력Intimate Partner Violence, IPV'이라고도 하는데, 자신의 현재 또는 이전의 데이트 파트너를 해치거나 지나친 통제를 가하는 행동이다. 일반적으로 신체적 폭력, 심리적 공격, 성폭력, 스토킹 등 네 가지가 속한다.

친밀한 파트너 폭력에는 진화론적인 씨앗이 있다. 아주 오래 전 원시 사회에서는 종족을 보존하는 것이 생존의 가장 큰 목표였다. 그렇기 때문에 파트너의 부정不貞은 절대 용납할 수 없는 행동이었다. 진화 과정에서 친밀한 파트너 폭력은 자기 방어와 같은 생존 목표 또는 파트너가 다른 사람에게 넘어가거나 성적 부정행위를 하는 것을 막는 용도로 이용되었다. 어찌 보면 원시 사회가 선택한 생식과 생존을 위한 수단이었다고도 볼 수 있는데, 이것이 안타깝게도 현대 사회에까지 진화론적으로 남아 영향을 주고 있다고 보는 견해인 것이다.

전 세계적으로 친밀한 파트너 폭력은 발생 비율 또한 높다. 미국에서는 여성의 약 22~35% 그리고 남성의 7~29%가 친밀한 파트너로부터 폭력이나 스토킹을 경험한 적이 있다고 응답했다. 이러한 통계는 전 세계의 비율과도 일치한다. 우리나라의 경우 2020년에만 무려 2만 건이 보고되었다. 이는 5년 만에 2배나 증가한 수치다. 또한 최근 5년 동안 데이트폭력으로 총 227명이 살해당하거나 그에 가까운 위험에 처했던 것에 비해 형사 입건이 된 사건 중 가해자가 구속된 비율은 겨우 4.2%에 불과했다. 우리 사회에서 데이트폭력 문제가 점차 심각해지고, 이제는 여론도 이에 대해 걱정의 목소리를 내고 있음에도 불구하고 이에 대한 처벌이나 규제가 아직도 관대한 것이다.

미국에서는 1994년 제정한 여성폭력방지법Violence Against Women Act을 통해 데이트폭력을 여성에 대한 폭력으로 규정하고 피해자 구제제도를 강화해왔다. 특히 2008년 애리조나주에서 열일곱 살의 케이티가 헤어진 남자친구의 총에 맞아 숨지는 사건이 발생했는데, 이를 계기로 '보호명령' 대상을 연인 관계로까지 확대할 수 있도록 '케이티법Kaity's Law'이 통과되었다.

영국에서도 2009년에 클레어 우드Clare Wood라는 여성이 남자친구에게 살해당하는 사건이 발생했다. 이를 계기로 데이트 상대의 전과 기록을 알 수 있는 권리를 줘야 한다는 여론이 반영되어 2014년부터 '가정폭력 정보공개제도', 이른바 클레어법Clare's Law을 시행 중이다. 경찰이 판단하기에 폭력의 위험에 노출된 사람에게 한해 데이트 상대의 관련 전과 기록을 열람할 수 있도록 한 제도다. 또한 2016년부터는 신체적 폭력이 없이 강요 또는 통제만으로도 최대 5년 형을 선고할 수 있도록 법이 바뀌기도 했다. 이처럼 데이트폭력은 재범률이 높고 보복 또는 강력범죄로 이어질 가능성도 크다. 따라서 가정폭력처럼 가해자에게 '접근금지 명령' 등 적극적 조치가 필요하지만, 우리나라에는 적절한 법적 근거가 없는 실정이다.

우리 사회에서 데이트 폭력 근절이 어려운 것은 친밀한 두 사람 만의 문제로 간주되기 때문이다. "사랑 싸움 아니야?" 혹은 "너도 뭔가 잘못을 했겠지." 등의 반응을 보이는 사람들도 여전히 있다. 사실 사랑하는 사이에서는 종종 질투나 독점욕이 생기기도 하는데, 이는 폭력적인 성향과 구분하기가 어렵다. 그럼에도 불구하고 데이트폭력과 관련이 있는 행동 특성들은 분명 있다.

대표적으로 질투가 지나친 경우이다. 만약 상대가 24시간 같이 있기를 원하고, 다른 사람 심지어는 가족이나 친구와 시간을 보낼 때조차 지나치게 화를 낸다면 유의해야 한다. 극도의 소유욕은 병적인 것이다. 무엇을 하며 어떻게 하고 있는지, 어디에 가고 누구와 함께 있는지, 시간을 어떻게 보내는지, 옷은 어떻게 입었는지와 같이 사실상 삶의 일거수일투족을 확인하고 통제하고자 하는 행동은 위험 신호다. 또한 지나치게 상대를 무시하거나 수치심을 준다거나 잘못된 부분들을 지적하면서 모든 문제가 다 상대에게 있다고 계속 주입시키는 일명 가스라이팅Gaslighting을 하는 경우도 있다. 원하는 대로 되지 않으면 과격한 표현을 한다거나 물건을 부수는 등 폭력성을 보인다면 그러한 관계는 신속하게 정리해야 한다.

데이트폭력이 의심될 정도로 관계가 정상적이지 못하다면, 여러 면에서 상대를 떠나는 것이 극도로 어려울 수 있을 것이다. 두렵기 때문이다. 그러나 건강하지 않은 관계를 유지하면서 치러야 할 비용은 너무나 파괴적이고, 때로는 나 자신과 주변의 안전과 생명을 담보로 하는 일이 될 수도 있기 때문에 현명하고 냉정한 판단을 내려야 한다. 그 사람이 내게 보이는 행동이 애정인지, 구속이나 통제인지를 잘 구분하는 것이 필요하다.

전혀 재미 없는 그들의 농담

성희롱, 성추행 등 성 관련 문제는 이제 우리 사회에서 큰 논란이 되고 있다. 2021년 5월에는 공군 여성 부사관이 상관에게 성추행 피해를 당했다고 신고한 뒤 극단적 선택을 하는 일이 벌어졌다. 이를 두고 추가적인 성추행, 회유, 그리고 은폐 시도와 관련된 의혹까지 불거졌다. 공군 군사경찰의 부실 수사, 봐주기 수사 정황도 드러나면서 많은 이들에게 충격을 주었다. 2013년, 2017년, 2021년에 군 상관에 의한 성폭력 피해로 세 명의 여성 군인이 목숨을 잃었다고 한다.

이는 비단 우리나라만이 아니라 전 세계적인 문제이기도 하다. 뉴욕주 주지사 앤드루 쿠오모Andrew Cuomo의 성폭력 사건과 관련해서도 여러 이야기가 나왔지만, 의혹을 뒷받침하는 증언이 잇달아 나오면서 결국 사임했다. 미국 국방부에 따르면 2019년과 비교해 2020년에는 군대 내 성폭력 사건 보고가 1%가량 증가했다. 증가폭이 작긴 했어도 국방부가 군내 성폭력 사건의 빈도를 줄이는 데 실패했다는 여론에 직면하고 있다. 게다가 군인들의 법적 처벌이 군사 법원이 아니라 민간 법원에서 이루어져야 한다는 주장이 더욱 거세지고 있다.

이렇게 군대나 조직에서의 성희롱, 성추행, 성폭행 사건은 사실 사회 전반에 깔린 성적 농담의 수용과 그에 따른 확산 때문이다. 유머는 의사소통의 한 유형으로서, 우리에게 중요한 가치를 가진다. 연인에게서 정직함, 친절함, 매력적인 외모보다 더 중요한 것이 유머감각이라는 조사 결과도 있다. 유머를 잘 구사하고 그것을 받아들일 수 있는 사람이 성숙한 인격체라고 평가하기도 한다. 남의 기분을 좋게 해주기 위해 그리고 자신의 기분이 나아지기 위해 우리는 유머를 사용하기도 하지만, 남을 조종하고 깎아내리기 위해서 유머를 사용하기도 한다.

그런데 많은 경우 유머 혹은 농담은 단지 '농담'으로 치부될 때가 많다. 농담을 그저 가볍게 받아들이지 못하는 사람은 우둔하고 흥을 깨는 사람, 말이 안 통하는 답답한 사람으로 취급받게 된다. 그러다 보니 질 나쁜 농담에도 웃어주어야 한다는 사회적 압력이 존재한다. 때로는 유머가 포함된 의사소통에는 편견과 다른 집단을 상대로 한 우월감 표현이 그대로 드러난다. 다른 집단이나 또는 그 구성원을 폄하하려 유머를 사용하는 경우가 많다. 특정 의혹에 휩싸인 인물이 유머를 이용하여 자신을 둘러싼 논란 등을 별것 아닌 것처럼 여기도록 만들기도 한다. 노골적으로 편견을 드러내거나 상대를 비난하는 것이 허용되지 않기에 은유적으로 에둘러서 깎아내리는 것이다.

또한 유머는 다른 집단에 대해서, 자신이 속한 집단의

우월감을 재차 확인하려는 의도를 애매모호하게 감추는 데에도 사용된다. 구성원들의 유대감이 생겨나고 결국 조직의 응집력을 높일 수 있기 때문이다. 유머는 권력을 얻거나 유지하기 위해 사용되는 전략이기도 하다. 특히 오랫동안 권력을 가지지 못했던 사람들에게 갑자기 강한 권력이 주어졌을 때, 그들은 그 권력을 증명하고 확인하려는 하는 욕구가 강해진다. 이러한 욕구가 다양한 공격적 언어와 행위로 이어지는데, 성적인 공격성도 그중 하나가 될 위험성이 높다.

사회지배이론에 따르면, 인간사회는 보편적으로 수직적 구조를 가지고 있기 때문에 몇몇 집단은 우위를 점하여 사회적 가치를 분배하는 특권을 누리는 반면 다른 집단은 그 아래 존재할 수밖에 없다고 한다. 이러한 구조에서 '사회지배성향'이 나타난다. 사회지배성향이 높은 사람은 낮은 사람에 비해 집단 간 계층의 존재를 지지하고 불평등을 더 쉽게 받아들인다. 또한 특정 집단의 우월성을 인정하면서 지배층 하부구조에 속한 사람은 약하고 고려할 가치도 없다며 쉽게 합리화한다. 그렇기에 이를 표현하기 위해 낮은 집단을 무시하고 조롱하는 농담도 쉽게 할 수 있다. 그래서 받아주고 같이 웃어주는 전례가 생기게 되면 그 농담은 수용할 수 있는 것이라는 인식이 퍼지고, 이후로는 거침없이 나오게 된다. 이런 성적 농담이 그 집단에서는 용인되는 일종의 집단 규준이 되면서 이에 반박하는 것이 도리어 이상해지고 이탈자 혹은 반항자로 낙인찍히게 되는 것이다.

따라서 그 행동의 적절성에 대한 초기 평가가 무엇보다 중요하다. 굳이 지적하고 싶지 않아서 기분 나빠도 참고 수용하는 것이 이런 농담이 점차 선을 넘게 할 수 있기 때문이다. 결국 사소한 농담을 허용하는 것이 이후 더 큰 피해로 이어질 수 있는 것이다.

웃어주며 대충 따라주는 것이 미덕이고 뭔가 말이 잘 통하는 사람, 포용력 있는 사람이라는 우리 사회의 만연한 기준을 이제는 다시 생각해 봐야 한다. 법적 잣대로 볼 때 이는 성희롱, 성추행이나 마찬가지다. 조직의 화합을 위해 개인의 고통과 수치를 덮고 가자는 구태의연한 생각 자체가 오히려 그 조직 전체를 파괴하기도 한다.

    모이기만 하면 성적 농담을 늘어놓고 그걸 견뎌야 제대로 사회 생활을 할 수 있다는 인식 자체도 바뀌어야 한다. 그래야 성희롱, 성추행, 성폭행과 같은 조직 내 성범죄를 막을 수 있다. 개개인이 포용할 수 있는 범위를 넘어서는, 선을 넘은 성적 농담에 대한 단호한 자세가 필요하다. 무엇보다 본인의 언사가 유머인지 아니면 농담을 빙자한 상대에 대한 모욕인지를 스스로 가늠해야 할 것이다. 질 낮은 농담에서 벗어나 모두가 즐거울 수 있는 진정한 유머를 즐기는 성숙한 사회가 되어야 하지 않을까.

미소지니와 미샌드리
: 혐오라는 전쟁

　일베, 남성연대로부터 시작된 여성비하가 이후 여성들의 반격으로 남성과 여성 사이의 본격적인 갈등으로 발전한 지 10여 년이 되어간다. 그동안 여러 사건이 있었지만 최근 상황은 매우 심각한 것 같다. 주로 인터넷에서 사용되는 신조어나 광고 등 상대 성$_性$을 비난하려 한 의도가 명백하지 않거나 그런 의도가 없는 것으로 판단되는 경우에도 계속 오해가 생겨나고 있기 때문이다. '오또케 오또케' '오조오억' '허비허비' 용어로 인한 여혐, 남혐 논쟁이 그것이다. 한 편의점 업체의 이벤트 홍보 포스터와 50주년 기념주화 이미지, 유통업체 홍보물 등 손가락 모양 하나로 상대 성별을 혐오한다는 논쟁이 빚어지고 있다.

오래 전부터 그리고 전 세계적으로 남녀 갈등이나 혐오 현상은 존재해왔다. 여성혐오를 뜻하는 '미소지니Misogyny'라는 단어는 1620년 잉글랜드에서 익명의 작가에 의해 발표된 〈여성혐오자 스웻남Swetnam the Woman-Hater〉이라는 연극에서 처음 소개되었다. 이 작품은 여성혐오 성향의 작가 조셉 스웻남을 비판하는 내용으로, 미소지노스Misogynos라는 가명의 인물을 등장시켜 비판했다고 한다. 그리고는 1970년대 중반까지는 거의 쓰이지 않다가 1974년에 페미니스트 앤드리아 드워킨Andrea Dworkin의 저서 『여성혐오 Woman Hating』가 출간되면서 제2물결 페미니즘Second-wave Feminism의 언어가 되었다. 여성을 향한 증오나 혐오뿐만 아니라 폭력을 통해 여성을 조종하려 하고 굴복하지 않는 여성을 처벌하는 행위까지 폭넓게 포함하는 단어로 자리잡은 것이다.

'남성혐오Misandry'라는 용어는 페미니즘과 동의어로 쓰이기도 하고 여성혐오에 대응하는 단어로 쓰이기도 했다. 1890년대에 미국과 영국의 신문에서는 신여성을 남성혐오자라고 부르기도 했다. 구글 아카이브에 따르면 1990년대 초기, 인터넷상에서도 남성혐오는 페미니즘과 동의어로 자주 사용되었다. 당시에는 몇몇 게시판에서 "페미니스트들은 남성혐오자다."라는 주제로 토론이 있기도 했다. 그러나 2000년대 초기부터 남성혐오라는 용어가 더 확산되면서 다양한 남성인권론자 웹사이트들이 생겨나고, 남성혐오적 여성운동 때문에 도리어 남성이 억압받고 차별받는다는 목소리가 높아지게 되었다. 이에 대해 남성을 조롱하는 유머가 등장하기에 이른다. 2014년에는 "나는 남자의 눈물을 마신다I drink male tears."에서 비롯된 '백인 남성의 눈물White Male Tears'은 일종의 슬로건이 되어 이 문구가 박힌 머그잔, 티셔츠, 가방 등이 제작되어 팔리기도 했다.

이렇게 여러 나라에서 남혐 및 여혐은 논쟁거리가 되고 있는 것이 현실이다. 그러나 남성과 여성 어느 쪽이 더 우

세하다든지, 누가 더 피해가 크다든지와 같은 서로 간의 비난과 조롱이 과연 생산적일까에 대해서는 의문이 든다. 물론 상대 성이 인식하지 못했던 피해와 고충을 알아보는 것 자체는 필요하다. 이러한 논의를 통해 서로의 입장에 대한 인식이 가능하기 때문이다. 그러나 최근 우리 사회에서 일어나는 논쟁은 그와는 별개로 끝이 없는 전쟁인 것처럼 보인다. 정치적으로 이용되기도 하고, 사회분열을 더 가속화시킬 수도 있다. 일부 청년들에게서 시작되어 이제 기성세대까지 동참하는 분위기다.

최근 한 뇌 영상 연구에서 성 역할Sex-role과 관련한 신념과 뇌 부위 사이의 관련성이 밝혀졌다. 이 연구에서는 개인이 지닌 '성 역할 평등주의Sex-role Equalism, SRE 성향'을 측정하고 뇌를 촬영하였다. 그 결과 높은 SRE를 보인 사람은 뇌에서 후대상피질 영역의 회백질 밀도가 낮고 오른쪽 편도체에서 높은 회백질 밀도를 갖고 있었다. 성 역할은 성별에 맞는 행동, 사회적 기대를 가리키며 남성과 여성에게 적절하다고 여겨지는 규범이라 할 수 있다. SRE는 성 역할의 평등에 대한 믿음 즉 성별이 개인의 권리, 능력, 의무, 기회에 대한 인식에 영향을 주면 안 된다는 믿음이다. 높은 SRE는 사회의 평등을 촉진하는 특성인 한편 낮은 SRE는 성 역할에 대한 보수적 관념을 반영한다. 그런데 낮은 SRE와 관련 있는 뇌의 편도체는 적대감이나 공격성이나 폭력에 영향을 미치는 부위와 일치한다. 편도체에 있는 회백질은 여러 부정적인 감정 즉 우울, 불안, 스트레스, 신경증적 성질과도 연관이 있다. 결국 '성 역할 평등주의 성향'이 낮은 사람은 적대감과 폭력성도 함께 높을 가능성까지 있기에 다른 집단에 대해 비난과 공격의 정도가 더욱 심할 수밖에 없다. 그래서 극단적인 혐오까지 갖게 되는 것이다.

지구는 남자와 여자 두 종족으로 구성된다. 남녀는 외모뿐 아니라 능력이나 행동에서 차이가 있다. 더 강한 능력이나 각자가 더 잘하는 영역이 있는 것도 사실이다. 이런 성차는 개인차만큼 중요하기에 서로 인정하고 보완해 살아가는 것이 필요하다. 그러기 위해 '성 역할 평등주의' 의식을 키워야 할 것이다. 이는 캠페인이나 지시적 교육만으로 이루어지는 것이 아니다. 어릴 때부터 가정과 사회에서 습득할 수 있도록 해야 한다. 다른 사람을 탓하기 전에 스스로 얼마나 성 역할에서 평등한 사고를 하고 있는지 생각해보고, 이를 위한 노력을 해야 한다. 언제까지나 이런 소모적인 논쟁을 계속할 수는 없으니 말이다.

조금도 참지 못하는 사회

분노로 가득한 사회, 분노조절이 안 되는 사람. 언젠가부터 우리가 수도 없이 들어온 말이다. 때로는 폭력이나 심지어 살인 등 강력범죄로 이어지는 이러한 분노는 일시적인 현상을 넘어서 아예 꾸준하고 장기적인 증오 정서가 만들어지고 있는 것처럼 보인다.

인터넷에서 떠도는 용어들을 보면 그런 흐름을 피부로 느낄 수 있다. '맘충'(엄마와 벌레 '蟲'의 결합어) '개저씨'(개와 아저씨 합성어)와 같은 용어가 난무한다. 내 아이만 소중하게 여기면서 공공장소에서 타인에게 피해를 주는 사람들이나 막무가내식 행동을 일삼는 중년 남성들, 가부장적인 생각을 가지고 성희롱적인 발언을 하면서 여성을 업신여기는 이들에 대한 집단 증오와 혐오의 표출이다.

그런가 하면 연인 관계에서 빚어지는 개인적 증오도 넘쳐난다. 이별을 통보받고 여자친구에게 빙초산을 뿌리는 일이 있었고, 재결합을 거부한 여성이 흉기에 찔려 사망하는 사건이 벌어지기도 했다. 몇 년 전 여자친구를 살해하고 시신을 유기한 뒤 시멘트까지 부었던 남자는 징역 18년을 선고받았다. 헤어진 연인에 대한 보복으로 사생활이나 특정 신체부위가 담긴 영상 또는 사진을 유포하는 '리벤지 포르노Revenge Porno'는 이와 비슷한 맥락의 범죄로 볼 수 있을 것이다.

이렇게 증오는 개인적일 수도 있고, 집단적일 수도 있는 감정이다. 증오는 공격성의 주된 정서다. 분노에서 파생된 복잡하고 체계적인 정서로서 여러 갈망을 포함하고 있다. 사람들은 자신이 생각하기에 나쁜 대상에게 고통을 주고 지배하고 해를 가하고 싶어 하기도 한다. 극심한 감정을 추스르지 못해 증오의 대상을 향해 복수하고자 하는 열망을 동반하며, 그런 열망을 실행에 옮기는 것까지 이어질 수 있는 감정이다. 그런데 중요한 것은 그런 복수 행위를 정당화하고 합리화하는 사고로 인해 죄책감도 나타나지 않을 수 있다는 사실이다.

'사랑의 삼각형 이론Triangular theory of Love'을 제시한 미국의 심리학자 로버트 스턴버그Robert J. Sternberg 교수는 최근에 사랑의 세 가지 축인 친밀, 열정, 헌신으로 구성된 '증오의 삼각형 이론'도 발표하였다. 완벽한 사랑을 위해서는 상대와 연결되어 있고 서로를 지지해주는 따뜻한 감정에 해당하는 친밀감, 같이 관계하고 싶어 하는 본능과 같은 뜨거운 열정, 그리고 그 어떤 방해가 있다 하더라도 이 사랑을 지켜가고자 하는 냉정한 사고로 인한 헌신의 세 가지 요소가 필요하다.

증오에도 이러한 세 가지 축이 그대로 적용된다. 친밀함에서 멀어지는 정서의 거리감, 분노나 두려움과 같은 강한 열정적인 욕구, 그리고 상대나 상대 집단에 대해 평가절하하는 냉정한 사고다. 이 세 가지 축으로 여러 가지 증오 유형이 만들어진다. 그저 그 상대나 집단과의 친밀한 거리를 멀리하려는 증오에서부터 참지 못하고 충동적으로 해를 가하는 증오, 상대나 상대 집단에 대해 분석하고 평가절하하고 비판하는 증오가 있다.

그런데 이 세 가지 축을 다 가진 증오는 상대를 이해하거나 공감하는 감정을 무력화한다. 상대의 잘못에 대한 집착적인 사고와 판단으로 인해 상대를 망가뜨리고자 하는 복수의 열정으로 결국 상대를 파멸시키게 하는 행동까지 하게 된다.

우리 사회에서 일어나고 있는 다양한 분노를 보고 있노라면 그것이 마치 버리지 못하고 쌓아두기만 한 쓰레기와 같이 오랫동안 축적되며 부패해온 것이 아닌지 걱정스럽다. 마치 리바이어던처럼 만인이 만인의 적이 되는 형국이다. 이런 증오는 상대뿐 아니라 자신 역시 파멸로 이르게 한다. 분노가 제대로 해소되지 못하고 증오가 공고화되는 사회가 우려되는 것은 이 때문이다. 나 혼자만의 괜한 우려라면 좋겠지만 말이다.

갑질 도미노

언젠가부터 '분노 사회'는 우리 사회를 칭하는 키워드 중 하나가 되었다. 별것 아닌 이유로 분노를 참지 못해 상대에게 분풀이를 한다. 때로는 '묻지마 범죄'와 같이 불특정 다수의 사회 전반에 그 분노를 표출하기도 한다. 인터넷에서의 악플이나 네티즌의 마녀사냥도 일맥상통하는 사례다. 우리는 자신과 전혀 상관없는 사람에 대해서 더 쉽고 더 과하게 분노를 표출한다. 어떤 이슈가 있을 때마다 거기에 달라붙어 갖은 욕설과 비난을 배출해버린다. 오프라인보다 훨씬 더 많은 사람이 짧은 시간 내에 한꺼번에 참여할 수 있는 공간이기에 더욱 강한 군중심리가 작동한다. 온라인상 익명의 군중들이 거대한 집단을 이루어 '갑'이 되어 갑질을 하는 것이다. 거대한 힘을 가지게 되니 그야말로 갑이 된다. 그런 갑에 속하려고 개개인은 열심히 악플을 달고 비난을 한다. 그럼으로써 자신이 속한 갑의 힘을 더 크게 키우려 한다.

오프라인에서는 모여서 군중을 이루는 것이 물리적으로 쉽지 않다. 그래서 개인과 개인 사이에서의 갑질이 일어난다. 대상은 주로 자신보다 힘없는 사람이다. 사회구조 서열상 권력자가 자신보다 더 약한 사람들에게 행한다. 정부의 고위공직자이거나 기관의 막강한 힘을 가진 권력자의 갑질이 빈번하다. 그중 하나가 여성인 부하직원에 대한 갑질이다. 성비하, 성추행 심지어 성폭행까지도 서슴지 않는 사람들이 있다.

개인 회사 오너들의 갑질도 있다. 회사가 스스로 일궈온 왕국이라고 생각하고, 왕으로서의 권력을 휘두르는 경우이다. 물론 자신이 만든 회사라면 애정이 크고 열정이 강할 수밖에 없고, 그러다 보니 이를 따라주지 못하는 직원들에게 답답함을 느낄 수도 있다. 문제는 열정과 갑질을 구분하지 못할 때 빚어진다. 처음에는 열정으로 시작한 행동이 시간이 흐르면서 갑질이 되고, 언어폭력을 넘어 신체폭력으로까지 격화한다.

그러나 이런 굉장한 권력자가 아니라도 갑질은 빈번하게 일어난다. 아파트 경비원이 입주민의 갑질을 견디지 못해 극단적 선택까지 한 사건, 백화점 보안요원을 폭행하고 욕설을 하는 등 난동을 부린 고객이 지명수배 끝에 검거된 사건, 마스크를 쓰지 않았다고 지적하는 버스기사를 물어뜯는 폭력 사건이 대표적이다. 자신보다 약자라고 여기는 사람에 대한 갑질이다.

이런 갑질 현상은 물론 일차적으로는 그 개인의 공격적인 성향이 원인일 수 있다. 그러나 경제적, 사회적으로 그리고 정치적으로 불안정한 우리 사회 전반에 대한 불만의 표출일 수 있다. 코로나19 팬데믹이라는 불확실하고 예기

치 못한, 엄청난 전 세계적 재난이 우리를 계속 불안하고 두렵게 만들기 때문이기도 하다. 언제 끝날지 예측조차도 어려운 코로나19 사태가 가져온 누적된 피로감이 억눌려 있던 분노를 자극한 것이다.

최근의 이런 갑질 행위는 을이라는 그 개인에 대한 분노라기보다, 자신이 평소 가졌던 불만과 분노가 갑자기 어느 순간 폭발해 버리는 측면이 강하다. 상사에게 개인적으로 지적을 받았다거나 하고 있는 일이 잘 풀리지 않는다든지, 가족이나 직장 등 주변 상황에 대한 짜증과 억울함이 내재되어 있다가 그 어떤 단서가 주어질 때 폭발해 버리는 분노이다. 내가 권력을 가졌다는 갑이 되어 을에게 일어나는 갑질이라기보다는, 평소에 차곡차곡 쌓였던 억울함이 어느 순간 폭발하는 것이다. 분노가 폭발할 수 있는 작은 계기만 있다면 언제라도 말이다.

자신이 부당한 대우를 받거나 피해를 입게 되면 이것을 어딘가에서 만회하고자 하는 심리가 작동한다. 부당한 대접을 받은 경험 자체가 자신에게 이기적으로 행동할 '특권'

을 만들어주는 것이다. 자신이 마땅히 받아야 한다고 생각하는 대우에는 여러 가지가 있다. 사람들로부터 존중을 받는 것, 다른 사람들과 비슷한 대우를 받는 것, 자신이 노력한 만큼 결과를 얻는 것, 자신에게 불리한 결과에 대한 타당한 이유를 제공 받는 것 등 다양하다. 이러한 기대에서 벗어나는 경험을 하면 사람들은 자신이 부당한 취급을 받았다고 느낀다. 그래서 자신이 받은 피해만을 떠올리며 얼마든지 타인에게 이기적인 행동을 해도 된다고 착각하기도 한다. 부당함으로 피해자가 된 자신은 이미 고통을 경험했고, 고통은 공평해야 한다는 논리다. 자신이 받은 푸대접에 대해 어떤 식으로든 보상받아야 한다는 특권의식으로 연결되는 것이다.

그런데 이런 특권의식은 여러 영역에 걸쳐 보상받으려는 이기심으로 작동한다. 즉 특정 관계에서 부당한 대우를 받았다면 그 관계만이 아니라 다른 여러 관계에 걸쳐 보상받으려 한다는 뜻이다. 부당한 억울함이 모든 관계나 상황에서 이기적인 행동을 하는 자격과 특권을 스스로에게 부여한다. 또한 이런 이기심은 일종의 마음의 틀로 자리잡다 그 개인이 부당한 상황에 놓일 때마다 활성화된다. 지금 당장 그 어떤 피해가 없을 때도 이전의 부당한 기억을 상기함으로써 언제든 작동한다. 더 심각한 것은 자칫 첫 번째 피해자가 타인에게 억울한 피해를 입히고 또 이것이 3차, 4차식으로 도미노 효과를 일으키게 되는 경우다.

사회 곳곳에서 터져 나오는 억울함과 부당함이 도미노처럼 더 심각한 폭력과 범죄로 번지고, 힘없는 이들에 대한 공격적 행동을 만연하게 만드는 것은 아닌지 불안하다.

벌떼 심리와 집단지성

집단 활동을 하는 생물은 공통점이 있다. 개미나 꿀벌, 바다의 정어리 떼나 호수의 쇠오리 떼, 북극의 순록 떼가 움직이는 모습을 보면 집단 전체가 하나의 개체인 것처럼 유기적으로 움직인다. 특히 개미나 꿀벌 등 사회성 곤충의 집단행동을 보면 각각의 지능을 다 합친 것보다 월등한 집단지능을 보인다. '집합적 유기체'의 능력이 개별적 개체 능력의 총합을 훨씬 뛰어넘는 것이다. 1928년 미국의 곤충학자 윌리엄 휠러William M. Wheeler는 이런 군집적 유기체를 '초유기체Superorganism'라고 했다. 개별 개체에 없는 특성이나 행동이 집합적 상태의 초유기체가 되면서 갑자기 출현하게 된다는 것이다.

이런 집단지능을 '떼 지능Swarm Intelligence'이라고도 한다. 그저 감탄을 자아내게 하는 흰개미집이나 정교하게 지어진 벌집 등에 이런 떼 지능이 잘 나타나 있다. 초유기체 학자 베르트 횔도블러Bert Hölldobler와 에드워드 윌슨Edward O. Wilson은 "사회성 곤충은 이성을 사용하지 않아도 문명을 건설할 수 있다."라고 했다. 집단지능의 강력함에 대한 단적인 표현이다.

그러나 인간 사회에서 이런 집단적 행위가 항상 좋은 것만은 아니다. 잘못하면 '패거리주의'로 비화할 수 있기 때문이다. 미국의 심리학자 세라 로즈 캐버너Sarah Rose Cavanagh가 '하이브 마인드Hive Mind(벌떼 심리)'로 명명한 집단심리가 바로 그것이다. 사회적 동물인 인간은 특정 집단이나 조직에 소속할 때 정서적 안정을 느낀다. 생각, 기분, 심지어 뇌 활동까지 집단과 동조화되는 현상이 일어나면서

나와 같은 사람이 많다는 것에서 느껴지는 안정감이다. 기본적으로 인간은 이런 집단주의적 속성과 개인주의적 속성 사이의 갈등을 조율하며 균형감을 유지해야 한다. 하지만 자율성의 결여나 소외에 대한 두려움이 있을 경우 집단주의적 속성이 지배하면서 개인의 차이를 희생하고 집단의 논리에 매몰된다. 동조화 경향이 강할수록 내집단의 결속력은 강해지지만 그만큼 외집단에 대한 배척 역시 동시에 강해진다. 구심력이 강해지면 강해질수록 원심력은 잃어버리는 것이다.

지난 몇 년 동안 치러진 국회의원 선거나 지자체 선거를 보면 마치 골프공과 비슷하다는 생각이 든다. 투피스부터 포피스까지 나뉘어 있는 골프공은 크게 내핵인 코어와 겉 표면인 커버로 구성된다. 이 두 가지만으로 만들어진 공이 투피스이고, 코어와 커버 사이에 이너 커버를 한 겹씩 넣을수록 스리피스, 포피스 공이 되는 식이다. 이너 커버가 여러 겹일수록 비거리는 짧아지지만 정확도는 높아진다. 그저 골프를 취미로 즐기는 골퍼들은 투피스를, '정확성이 돈'인 프로는 이너피스를 겹겹이 둘러 외연을 확장한 포피스를 선호한다.

정치적 양극화야 어제오늘 일이 아니지만 점점 그 간극이 벌어지고 있다. 주목할 점은 정당 내부의 갈등 정도 역시 이에 비례해서 극심해지고 있다는 것이다. 벌떼 심리가 더 공고해지면서 약간의 이견도 용납하지 않는다. 즉, 동일한 소재로 구성된 투피스 공을 지향하는 성격이 더욱더 강해진 것이다. 이렇게 구심력만 지향하다 보니 원심력은 약해질 수밖에 없다.

선거 때마다 '샤이 보수'니 '샤이 진보'니 하지만 실제 선거의 승패를 좌우하는 키는 '샤이 중도'가 쥐고 있다. 지난 몇 년간 정치적 격변을 겪으면서 이런 중도는 조금씩 그 영토를 확장해 가고 있다. 결국 누가 이들의 마음을 얻는가가 선거 결과의 향방을 좌우하는 것이다. 2020년 21대 국회의원 선거와 2021년 서울과 부산시장 보궐선거에서 보듯이 극단으로 치우치며 벌떼 심리가 강력했던 정당은 결국 선거에서 패배했다.

세계의 정치, 경제 지형은 팬데믹으로 인해 때이른 세기 말적 격변이 진행되고 있다. 우리 사회에 팽창된 집단주의를 이제 승화시켜야 한다. 벌떼 심리가 아니라 초유기체적 집단지능으로 승화시켜 발전의 원동력으로 전환해야 할 시점이다. 이런 전환을 이루는 이들이 유권자의 선택을 받을 수 있을 것이다.

우리 모두의 마음속에는
길을 잃고 헤매는 이가 있다

1판 1쇄 인쇄 2022년 3월 21일
1판 1쇄 발행 2022년 3월 29일

지은이 곽금주
펴낸이 김기옥

경제경영팀장 모민원
기획 편집 변호이, 박지선
커뮤니케이션 플래너 박진모
경영지원 고광현, 임민진
제작 김형식

표지디자인 어나더페이퍼
표지·본문 일러스트 포푸리(홍세인)
본문디자인 제이알컴
인쇄·제본 민언프린텍

펴낸곳 한스미디어(한즈미디어(주))
주소 121-839 서울시 마포구 양화로 11길 13(서교동, 강원빌딩 5층)
전화 02-707-0337 | **팩스** 02-707-0198 | **홈페이지** www.hansmedia.com
출판신고번호 제 313-2003-227호 | **신고일자** 2003년 6월 25일

ISBN 979-11-6007-792-6   03300

책값은 뒤표지에 있습니다.
잘못 만들어진 책은 구입하신 서점에서 교환해드립니다.